EL OJO DEL CICLON

COLECCION DE ESTUDIOS HISPANICOS

EDICIONES UNIVERSAL. Miami. Florida, 1979

CARLOS ALBERTO MONTANER

EL OJO DEL CICLON

Ediciones Universal
P. O. Box 353 (Shenandoah Station)
Miami, Florida, 33145. U.S.A.

© Copyright 1979
by Carlos Alberto Montaner

Diseño de la portada por Hernán García

Library of Congress Catalog Card Number: 78-67009

ISBN - 0-89729-212-X
Depósito Legal: Z-1.011-1979

PRINTED IN SPAIN
IMPRESO EN ESPAÑA

Cometa, S. A. — Ctra. Castellón, km. 3,400 — Zaragoza — 1979

INDICE

Prólogo 9

IBERIA

España

España entre Spínola y Miterrand	15
Ensayo general para la muerte de Franco	17
Franco, la muerte y la imagen	20
Treinta días sin Franco	22
España: una interpretación freudiana	24
Un rato en la vida de España democrática	28
España: aparta de mí este fusil	30
España o el amor a la geometría	32
(M)alicia en el país de las conversiones	35
El camino de Santiago (Carrillo)	38
En defensa de la Unión Soviética	40
10 conclusiones electorales	42
Felipe González y los socialistas españoles	46
Socialismo y el cuento de la buena pipa	48
Socialismo español	51
¿Otra guerra civil?	53
Soga para su imperial pescuezo	56
Cuando vuelan los canarios	59
Tiempo de Cambio	61

Portugal

¡Ay, Portugal! ¿Por qué te quiero tanto?	63
El dilema de Soares y de los otros	65

AMERICA

Usa

Jimmy Carter: un retrato robot ...	71
Un red neck en la White House ...	73
Los evangelios según Jimmy Carter ...	76
Jimmy Strangelove o el Presidente que amaba la bomba ...	78

Cuba

Cuba-Usa: secretos de alcoba ...	81
Angola o Fidel de los monos I y II ...	83
Cuba: un nuevo rumbo ...	88
Fidel, Pinochet y el canje de Hubert Matos ...	91
Fidel Custer y la Reina de Saba ...	94
Ogaden: los motivos de Castro ...	97
Puerto Rico y los exiliados cubanos ...	99
Oh, el anticastrismo ...	111
Cuba, los derechos humanos y Jorge Domínguez ...	120
Oficio de exiliado ...	123

Puerto Rico

Puerto Rico, la Patria y la ONU ...	126
¡Viva la República de Puerto Rico! ...	129
Luis Muñoz Marín: Declaración Jurada ...	132

Venezuela

El dilema de los venezolanos ...	137
Carlos Andrés Pérez: ¿despierta América? ...	140
Rómulo: gloria y grilletes ...	143

Centroamérica

Republic, sí; Banana, no ...	147
La herencia de los Somoza ...	149
La caída de Somoza: versión norteamericana ...	151
La caída de Somoza: versión soviética ...	155

Honduras y otra nota de mal genio   159
El asesinato de Von Spreti   161
Panamá: ya es hora   163
Reagan, Kafka y el canal de Panamá   165

Perú y Bolivia

Perú: silenciar la oposición   169
¡Oh, Perú, pobre Perú!   171
Las cárceles políticas de América   173
Sudafricanos a Bolivia   175
Otra estupidez latinoamericana   177

Chile

Chile o el derecho al Hara-Kiri   179
El dedo acusador de Chile   181
Chile: cobre y destino   184
Odio en Chile   187
Entre lobos y panteras   189
De Allende a Pinochet   191

Argentina

Peronismo y cirugía plástica   194
Perón y la comedia argentina   196
Gratos, non gratos e ingratos   198
El último tango en Buenos Aires   201
Argentina entre la espada y la espada   203

Israel

Masada no caerá otra vez   206
El valor de Israel   207
Israel y el fantasma de Hiroshima   209
La creación de un Estado palestino   211
Se vende un hato de judíos   213

PROLOGO

Supongo que hay que justificar este libro. Ha llegado el momento en que hay que justificarlo todo: la sonrisa, el cine, el afecto, los libros. Sobre todo los libros. Casi lo peor que puede decirse de un libro es que es gratuito, y éste —*El ojo del ciclón*— tiene todos los visos de serlo. Se trata de un volumen formado con crónicas políticas escritas al calor de ciertos acontecimientos circunstancialmente importantes: la muerte de Franco y la transición de España a la democracia, la "desalarización" de Portugal, Cuba, el "caso Puerto Rico", el aquelarre argentino, la tragedia Allende-Pinochet, Israel, etc.

Las crónicas, claro, fueron escritas para los periódicos. De ahí la prosa rápida, telegráfica, sin tiempo para garabatos barrocos. Hace doce años, cuando comencé a escribir en los diarios, padecía de una escritura gorda, de una especie de celulitis literaria, pero luego se me secó —no sé si para bien, a veces lo dudo— y ya no me siento capaz de camuflar la prosa con afeites. Como en el tango, hay que entrarle al tema "rápido, con frío de puñal".

Más en contra de este libro: los señores Carrillo, Soares, Castro, Franco o Perón, protagonistas de las crónicas y los sucesos en que se vieron envueltos, o los truenos que desataron, en pocos años perderán toda inteligibilidad. ¿Quién es hoy Napoleón para la masa? Una tumba en París, un retrato de David, un general que ganó y perdió un imperio, un amante melancólico, una úlcera y un inevitable consuelo para los enanos. Poco más. Se perdieron los detalles. Más reciente: ¿quién puede hoy leer con interés —salvo los especialistas— una crónica sobre las elecciones norteamericanas que dieron el triunfo a Truman en 1948? Truman no es más que un gatillazo atómico. O sea, dentro de unos años será absolutamente incomprensible la ansiedad española ante la muerte de Franco. Rescatar una descripción noticiosa de ese tenso episodio es inútil. La noticia, los hechos, cobraban sentido dentro de una atmósfera sicológica inexorablemente barrida por el tiempo. Quedan Franco, sí, y Perón, y Castro, y Soares, pero quedan esquemáticos, pintados a brochazos y muy lejos del parloteo que les acompañó en vida.

¿De qué sirven, pues, estos papeles periodísticos? Creo que sirven en todo lo que no tienen de periodismo, Carlos Castañeda, que suele publicarlos en su diario, dice que no son exactamente textos periodísticos, sino *miniensayos*. Y es verdad. A mí no me interesa contar la historia, sino opinar sobre ella. Por eso me aburre hacer entrevistas. El único periodismo que me interesa hacer es el de opinión. Padezco de la penosa urgencia de opinar. Me explico con una abominable metáfora: es como si el esfínter de la conciencia estuviera relajado. Por ejemplo, se produce un hecho cualquiera —la muerte del Papa, el juicio de Patty Hearst— y allá va, incontenible, el chorro tibio de las elucubraciones. Esta extraña dolencia me ha causado retos a duelo, amenazas de muerte, protestas internacionales, pero, al mismo tiempo, todo ese barullo me produce cierta íntima satisfacción. Porque la crónica de opinión tiene, por lo menos, una doble función parabiológica: servir de colagogo al opinante y de urticaria al adversario. Pero no tiene, sin embargo, la que normalmente se le supone: la función de crear *opinión pública*. El que opina, si tiene suerte, tal vez resuma, coagule, concrete, la opinión de otros ciudadanos, pero jamás modificará el criterio del lector. De la escritura cuneiforme a la fecha, nadie, nunca, ha *cambiado* sus opiniones ante un alegato contrario recogido en un papel. Cuando lo que se lee coincide con nuestros criterios, el escritor es muy inteligente. Cuando lo que se lee nos contradice, el escritor es un imbécil.

¿Qué hago, entonces, con esa pesimista percepción del periodismo, escribiendo artículos de opinión? La respuesta queda dicha antes: me divierte. Disfruto como un enano la oportunidad de comunicarle a unos cuantos señores lo que pienso de un tema. Pero esa es sólo una parte del asunto. Queda el lector, que viene a ser la cara oculta del problema. ¿Para qué va a transitar por las doscientas páginas de este libro? Para enterarse de hechos, no, por supuesto. Aquí sólo podrá obtener una dudosa satisfacción espiritual: asentir o disentir de las opiniones personales del autor. O sea, podrá dialogar apasionadamente sobre temas que perdieron su actualidad aparente, pero en los que subsiste media docena de ingredientes realmente trascendentes: el amor, el odio, la vanidad, la justicia, los prejuicios, y otras eternas minucias. Si de alguna manera —la manera pasiva del lector— también disfruta la camorra intelectual, es probable que leer o releer este libro no sea del todo un disparate.

Si eso le interesa, lector, siga adelante con el libro. De lo contrario, devuélvalo discretamente a los anaqueles, y como en las bodas antiguas, hágalo callar para siempre.

Carlos Alberto Montaner

Madrid, invierno del 79.

IBERIA

ESPAÑA

ESPAÑA ENTRE SPINOLA Y MITTERRAND

La derecha totalitaria española está inquieta. Y con razón: las fotografías de los lisboetas alegres, abrazados a los soldados que derribaron la dictadura y se proponen —dicen— democratizar al país, son como para ponerle la carne de gallina. La otra derecha —la prudente y civilizada del *ABC*— ve el alzamiento con buenos ojos, pero con cautela. La prensa liberal —*Informaciones*— no oculta su regocijo. Portugal —tan cerca y a la vez tan distante de España, tan increíblemente incomunicados— es un fantasma para su vecina. Allí hubo una dictadura de derecha durante cuarenta años; allí gobernó un caudillo austero y férreo; allí se creó un partido político que controlaba absolutamente el poder; allí se adoctrinó durante dos generaciones sin límites y sin competencia; y allí, un buen día, el general Spínola —primera espada y último monóculo del país— decide tomar la Bastilla e instaurar una democracia de estilo europeo, arrastrando a su paso el entusiasmo del país.

¿Es posible un hecho similar en España? En primer lugar, al salazarismo —continuado por su delfín Caetano— lo liquidó la guerra colonial. La sangría irrestañable de Angola, Mozambique y Guinea. España no tiene colonias sublevadas. El Sahara español, con sus escasos nómadas, es mal terreno para el nacionalismo. Marruecos y Argelia —que acabarán por arrebatárselo—, espoleados por Libia, alguna vez han tratado de agitar las pasiones, pero Madrid ha sabido posponer el problema, ayudado sin duda por el conflicto de Oriente Medio y por sus reiteradas manifestaciones pro-árabes. Pero llegado el caso las tropas de la Península no se embarcarán en otra guerra colonial. No lo hicieron cuando la Guinea española expropió por la violencia a los colonos españoles y no lo harían por defender los ricos depósitos de fosfato del Sahara. Y si no hay una guerra colonial que desgaste a la metrópoli —Francia en Argelia, Portugal en Africa— no hay fuente de descontento en el ejército ni sitio para el surgimiento de caudillos. En segundo lugar, la caída del salazarismo es la liquidación de una maquinaria civil a manos del ejército. Salazar no salió de los cuarteles, sino de la universidad. En España, las Fuerzas Armadas constituyen el espinazo del régimen y el golpe militar sería siempre contra otra facción castrense. Luego, cualquier extrapolación de la situación portuguesa con relación a España carece de sentido. No obstante, el ejemplo pesa, se tiene en cuenta, y acaso contribuya su poco a reforzar las tendencias liberalizadoras que actúan desde la oposición y desde el mismo poder.

Lo de Mitterrand es más serio. El prestigioso líder socialista puede convertirse en presidente si el centro y la derecha no cierran fila. Es posible que en Francia pueda repetirse una situación parecida a la chilena, pero con la esencial diferencia de que ni Mitterrand ni su partido —genuinos socialdemócratas— pretenderán comunizar al país. Los capitalistas, sin embargo, se curan en salud. Los inversionistas han frenado su ritmo y cierta atmósfera de temor recorre el país. Si Mitterrand, ayudado por los votos comunistas, logra alcanzar la presidencia, no tendrá otra alternativa que abandonar a sus aliados tan pronto aparezcan los primeros síntomas de caos económico. La opción de los frentes populares es siempre trágica: o se traiciona al sistema o se traiciona al compañero.

Poca gracia le haría al gobierno español un triunfo de Mitterrand. Las tres cuartas partes de los dos partidos comunistas españoles (el de Líster y el de Carrillo) radican en París bajo la protección del P. C. francés. Alguna presión, por remota que fuese, podrán ejercer los comunistas españoles sobre sus camaradas franceses para sacar ventajas de la situación. Mitterrand, por su parte, y en acuerdo con los socialdemócratas españoles —sus compañeros de la Internacional Socialista— se uniría a holandeses, belgas y alemanes en la exigencia cada vez menos discreta de que España democratice sus instituciones como paso previo al ingreso en el Mercado Común.

Parece que, irremisiblemente, España se desliza hacia posiciones más liberales. Cualquier cambio —la muerte de Carrero Blanco, Spínola, Mitterrand— empuja ligeramente al país hacia la convivencia democrática. La prensa cada vez —milímetro a milímetro— tiene menos temor; los tribunales son más independientes; los políticos menos fanáticos y ortodoxos. Arden las barbas de los vecinos y no hay manera de que la derecha totalitaria pueda remojar las suyas.

7-5-74

ENSAYO GENERAL PARA LA MUERTE DE FRANCO

El susto ha pasado. Franco sobrevivió al coágulo de la pierna, a una hemorragia estomacal y a una docena de médicos nerviosos. Casi un acto heroico. Ya ha sido liberado de todo tratamiento y anda dedicado a su descanso estival. Por esta vez le hurtó el pellejo a la Pelona.

Pero los acontecimientos que desencadenaron su gravedad fueron más interesantes que el propio hecho. La vieja pregunta "¿después de Franco, qué?" se hizo dramáticamente inminente. Pasó de las especulaciones de café a los círculos de poder y a las cancillerías. El gobierno, a través de los medios de comunicación, se esforzó exageradamente en demostrar que "aquí no pasa nada". Cada veinte segundos alguien alababa la "serenidad del pueblo", como si la muerte de Franco pudiera provocar un estallido irracional en los españoles. ¿O es que Kennedy, Pompidou o Stalin no se murieron un día sin que yanquis, franceses o rusos enloquecieran? Pese al evidente temor del gobierno, nada pasará en España el día que Franco decida morirse. Nada puede pasar.

Es decir, de inmediato. Luego sí, habrá cambios, y gordos. De inicio, el Príncipe —seguramente Rey— presidirá unos espectaculares funerales, con grandes muestras de adhesión. (Porque Franco tiene partidarios, pésele a quien le pese, y con la curiosa característica de ser él más popular que su gobierno. Aquí —entre otras paradojas— abundan los franquistas en la oposición). Al cabo de varios meses comenzará a cambiar el panorama político. España acelerará su desplazamiento hacia formas democráticas de gobierno. Dentro de las estructuras de poder hay una enorme presión en ese sentido. Los grandes sectores económicos tiran de la cuerda rumbo al Mercado Común. Sólo que éste pone condiciones, y una de ellas, insoslayable, es política. La Europa unida debe ser homogénea. Es decir, democrática y capitalista. España deberá renunciar definitivamente al autoritarismo monopartidista. Los sectores agrarios españoles —recuérdese que España sigue siendo un país agrícola, por lo menos en el capítulo de las exportaciones— son los que más urgentemente desean la adhesión. Las barreras arancelarias o la ferocidad de los agricultores franceses, está provocando excedentes agrícolas en la Península. Y eso es gravísimo. Tanto más cuando los países que importaban mano de obra española —Alemania, Holanda, Francia— hoy ponen trabas a la inmigración de obreros ajenos a las nueve naciones del pacto europeo.

La prensa independiente, en la medida que la censura lo permite, aboga por la liberización del sistema. El monárquico *ABC* enfila su batería mayor —Ansón, López Sancho, Luca de Tena— en procura de mayores libertades.

Quieren un rey a la inglesa o a la noruega, no un Felipe II redivivo. *Informaciones,* vespertino madrileño de gran influencia, es francamente liberal. La revista *Triunfo* bordea el marxismo. Prácticamente, todas las publicaciones importantes no oficiales ponen su enorme peso en la democratización del país.

Otros factores de poder suman los esfuerzos a la presión. La Iglesia, por ejemplo. Si no el obispo —y muchas veces *sí* el obispo—, sí el curita de pueblo. La Iglesia española está profundamente dividida, y la raya no sólo es ideológica, sino generacional. A grandes rasgos la generación que hizo la guerra es conservadora, la de la posguerra menos y la última decididamente liberal. No hay duda de que "ganarán" los bisoños. Y ganarán porque en el peor de los casos acaban enterrando a sus adversarios.

Dentro de la Falange, acaece un fenómeno parecido, con la particularidad de que la influencia de esta colectividad política es casi nula. Son cuatro gatos. Hay falangistas tradicionalistas, los hay democratizantes y hasta socialistas. Como hay —¡ver para creer!— carlistas (requetés) comunistas.

Las Fuerzas Armadas, por su parte, no son en 1974 una facción politizada, sino un cuerpo profesional, altamente tecnificado y sin caudillos carismáticos, generalmente entretenidas en maniobras conjuntas internacionales. No es previsible una reacción negativa ante una posible democratización del país, y no sería extraño que, como en el caso portugués, le brindaran su entusiasmo. A fin de cuentas, muchos oficiales han pasado por las academias de Estados Unidos. Y eso se pega.

Luego la conclusión es obvia: el peso del dinero, la prensa, la Iglesia, los sectores agrícolas, la *intelligentsia,* la universidad y la presión internacional forzarán el rumbo del país. Pero todo eso ocurrirá después que Franco desaparezca. Por ahora sólo ha habido un ensayo del primer acto de la obra.

22-8-74.

FRANCO, LA MUERTE Y LA IMAGEN

A Franco no le da la gana de morirse. La lista de enfermedades es pavorosa. Lo padece todo. Corazón, hígado, intestinos, estómago, Parkinson, arterioesclerosis. Y quince médicos que juran que se está muriendo. Y él que no. Que no se muere porque no le da la gana. Franco aplaza la decisión de morirse como ha aplazado siempre todas las decisiones trascendentales. No tomaba Madrid, no entraba en la Segunda Guerra, no restauraba la monarquía ni establecía la república, no coronaba Rey a Juan Carlos, no establecía el estado fascista que quería la Falange ni la democracia burguesa que demandaban Europa y la oposición liberal. Dejaba que las cosas tomaran rumbo por simple inercia. Ahora, consecuente con medio siglo de decisiones suspendidas, retarda su muerte con tenacidad gallega. En rigor, su táctica de tente-tieso-a-ver-lo-que-pasa le ha dado resultado. ¿Se lo dará ahora?

Pues parece que sí. Su agonía es rentable para España, pese a lo dura que pueda parecer la frase. Si llega a morirse de repente el impacto fractura la carcasa del régimen. Pese a todas las previsiones sucesorias hay pugna entre las distintas facciones del poder. Mucho más difícil que mantener a raya a la oposición ha sido mantener a raya a los partidarios. La amalgama entre Falange, monárquicos, burguesía liberal —que también, pero menos, está con el régimen—, curas, militares y gran capital, ha sido una tarea complicada. Siempre es más delicado silenciar a los partidarios que a los enemigos. Franco lo ha hecho basándose en la sencilla estrategia de no comprometerse definitivamente con nadie. Ahora le toca el turno a los médicos y a los enterradores.

Pero se morirá. En ese momento —morir para ver— la bolsa subirá varios puntos, el Mercado Común le abrirá las puertas a España y la OTAN le guiñará los cañones. La muerte de Franco será la coartada de las democracias liberales para entenderse definitivamente con España. Con una España que es el onceno país industrial del mundo occidental, que tiene más de dos mil dólares *per cápita* y que juega un papel importante en la defensa del Mediterráneo. Con una España que acaso sirva de dique al desmadre portugués. Esa España, seamos justos, ha sido posible por la pax franquista. No dudo que una democracia parlamentaria impulsada con un vigoroso empellón capitalista —Japón, Alemania— hubiera podido lograr resultados aún más espectaculares, pero no es desdeñable el desarrollo español de las dos últimas décadas. Franco, en términos de pesos y centavos, logró el producto. Lo que no supo fue vender su imagen. De ahí que su desaparición favorezca el futuro español. Las manifestaciones recientes no fueron contra España, sino contra Franco. Contra el olímpico señor que ha ignorado cuarenta años la mitología burguesa liberal de la Europa de posguerra. Es enormemente interesante que en un país a nivel individual obsesionado con la imagen, haya gobernado un español al que le tenía sin cuidado la percepción exterior de su persona. En cierta medida eso es algo que deberá agradecerle el franquismo, pues con Franco se entierran muchos errores que no fueron exactamente cometidos por el hombre del Pardo, sino por los colaboradores que le sobreviven. La Europa de los Nueve sabe esto pero poco le importa. La política, como el teatro, es cuestión de representación. De imagen y no de realidad. De presencia y no de esencia. Franco muerto es la manera de que todo siga igual mientras se tiene la ilusión del cambio.

Sin embargo, cambiará el panorama. El Príncipe sí siente la necesidad de proyectar una imagen positiva. Ha vivido a la sombra del Caudillo durante quince años. Se propone dar a los españoles la certeza de una jefatura distinta. Querrá que se le tome por un monarca moderno y liberal. Querrá que los cuadros jóvenes de las Fuerzas Armadas lo estimen como uno de los suyos. Pese a lo que afirman sus detractores, Juan Carlos de Borbón no será un pelele. Su primera actuación como Jefe de Estado en funciones es hondamente significativa. Tomó un avión y se fue al Sahara, en medio de la crisis, para asegurar que estaría en el puesto de batalla. Juan Carlos de Borbón está a la búsqueda de su leyenda personal. A la búsqueda de una imagen que le sacuda la sombra del hombre que le abrió el camino del trono.

15-8-75

TREINTA DIAS SIN FRANCO

Aquí no ha pasado nada. Nada de conmociones ni de revoluciones, me refiero. El impresionante velorio, con una cola de catorce kilómetros, y un no menos emotivo entierro. Nada más. (Por ahora). Los que presentían la debacle se equivocaron. ¿Por qué? Muy sencillo: tenían una visión de España basada en la remota guerra civil. Esta España es otra. Los españoles levantiscos de hace cuarenta años son hoy unos seres temerosos de la autoridad y acostumbrados a obedecer. En España hay menos porras por cabeza —nunca mejor dicho— que en el resto de Europa. Menos policías, quiero decir. A veces basta la embozada presencia de un guardia civil, con su capa, su bicornio y su metralleta, para que los amigos se despidan presurosos, los grupos se disuelvan y el que más y el que menos se ponga a chiflar nervioso. La obediencia —ya se sabe— es un subproducto del miedo. Presión en la vejiga. Esos reflejos ante los guardias no son buena arcilla para que prosperen las revoluciones. Mientras la autoridad relaje los esfínteres no habrá barricadas.

Pero hay otras razones: trece millones de cartillas de ahorro, dos mil doscientos dólares de *per cápita,* el onceno país industrial del mundo occidental y unos anchísimos niveles sociales medios. Con ese panorama es más sencillo fomentar las inversiones bursátiles que las revoluciones. La clase media suele ser moderada y progresista en una atmósfera de tranquilidad, pero se torna reaccionaria ante la quiebra de las instituciones. Es lógico: tienen cosas que conservar. Un trabajo, un piso, un coche, un crío estudiando en la universidad, unas vacaciones pagadas. Acaban por defender con las uñas ese apacible tesorillo burgués.

Hay más en abono de la consolidación del franquismo: la derecha española. La derecha española es dúctil, versátil, camaleónica. En la España de los últimos años se ha ido desdoblando para crear su propia oposición. La oposición española de los años setenta, el centro, la izquierda y todas las variantes posibles —derecha moderada, izquierda razonable, centro justo y otras paparruchas— ha sido ocupada por decantaciones de la propia derecha. Gil Robles, Ruiz Giménez, Laín Entralgo, Fraga Iribarne, Cantero son hombres vinculados al franquismo y que hoy dominan la oposición. Si la oposición se hiciera con el poder poco cambiaría. Son los mismos.

En el ejército tampoco se ven síntomas que denuncien vocación de protagonismo. En su medida, a las Fuerzas Armadas les ocurre lo que al ciudadano común: temen a la autoridad. Son casi cuarenta años de obediencia a sus propias jerarquías, que a su vez acababan por obedecer ciegamente a Franco. Estos militares, sin el desgaste de guerras coloniales, ajenos prácticamente a la lucha antisubversiva —terreno de la Policía Armada y de la Guardia Civil— no ganarían mucho con un levantamiento. Portugal, por otra parte, ha servido de vacuna. El caos portugués no es buen ejemplo para que los militares españoles se pongan a cultivar claveles. Si España, además, ingresa en la OTAN, menos posibilidades existirían de una intentona castrense.

Hay, sin embargo, peligros. Todas estas circunstancias favorables a la consolidación del Rey pueden verse afectadas por un aumento de los índices de inflación y paro. La derecha totalitaria, de un tiempo a esta parte —desde que fue segregada del poder— tiende a hacer justicia por su cuenta. Quema librerías y apalea periodistas, amenaza y lleva a cabo sus promesas. No tardarán los grupos subversivos en eliminar a uno o varios de los cabecillas visibles, dando lugar a una guerra sorda en la que las simpatías populares acaso caigan de parte de la izquierda. Todo eso, en un país que cuenta con instituciones vacilantes, será una fuente de conflictos.

El otro gran peligro es el magnicidio. España, por ahora, tiene Rey, pero no monarquía. Pasarán años antes de que la institución se sedimente. Un pistoletazo —y en España eso ha sido frecuente: Dato, Canalejas, Cánovas del Castillo, Carrero Blanco— puede cambiar la historia y servir de coartada a cualquier aventura. No obstante, es probable que aun la oposición más delirante se dé cuenta que al Rey no le queda otro camino que el de la democratización paulatina del país y su homologación al resto de la Europa burguesa y liberal. A no ser que sea exactamente *eso* lo que quieran evitar Moscú y sus agentes.

4-12-75

ESPAÑA: UNA INTERPRETACION FREUDIANA

Comienzo por decir que Freud, como el Piyayo, me causa un respeto imponente. Si nunca me hice freudiano del todo fue porque mi madre no era mi tipo, no tenía especial interés en matar a mi padre y no entendía del todo la bronca entre Eros y Tanatos. Pero no hay escape: uno siempre acaba siendo freudiano. Tan pronto se maneja la jerga —es tan bonito eso de los complejos de Edipo, de la líbido y la cultura, la represión— que uno no puede callarse.

Y pensando en Franco, en su último mensaje, tan paternal, en la reacción de las gentes, tan filial, me dije: aquí hay Freud encerrado. Franco acabó siendo el Gran Padre de los españoles. El Padre Terrible. La Autoridad. (Muchas mayúsculas, linotipistas, que el lenguaje se me queda corto). Su éxito como militar y como político fue ése: Franco ha sido la mayor fuente de irradiación de poder que recuerda la historia de España. No hay en la triste cáfila borbónica nada que se le parezca remotamente. Hay que empezar por entender la cultura española. Las relaciones interpersonales de los españoles están montadas sobre una férrea base jerárquica. El que manda hace ostentación de su rango. El que obedece, con frecuencia es humillado. No estoy hablando *solamente* del señorito altanero, convertido hoy en jefe industrial, capaz de gritar y ofender al obrero, sino en el obrero, que "repercute" esta conducta en el botones, que la imita en el chico de los paquetes y así hasta el último eslabón de la cadena. España es un país en el que se ejerce la violencia jerárquica de una manera terrible. En todas las clases, casta, en todas las instituciones, la autoridad se siente. Se hace sentir. Primero a nivel familiar: el padre de familia ejerce su autoridad frecuentemente con violencia física. Al padre, aunque sea un imbécil, se le obedece. Es "el Padre". Un padre al que se le "debe" la vida, la comida, los estudios. Un padre que *decide* por su cuenta lo-mejor-para-su-hijo. Que lo pone a estudiar Derecho, mecanografía o a trabajar en una botica porque-este-tarado-que-engendré-no-sirve-para-otra-cosa. A la opresión familiar no le va a la zaga la escolar. La inmensa mayoría de los colegios españoles no tienen otra pedagogía que el temor al castigo, a la expulsión o al suspenso. El maestro no es un prójimo amable, humilde, generador de inquietudes, sino un señor distante que ejerce su autoridad, impone silencio y ya *casi* no pega. En el centro de trabajo se repite el esquema: del

Director General al Portero hay unas precisas estratificaciones y unos tratos rituales celosamente guardados. Oprime el Estado, oprime la familia, oprime la Iglesia, el patrón, el jefe. Es una cadena circular de violencia. Siempre hay alguien arriba, que nos pisa, y alguien abajo al que pisamos. Y si no lo pisamos por lo menos se le deja saber que es porque somos buenos.

En esa cultura se dio Franco. El hombre de El Pardo creía firmemente en el principio de autoridad, y en el valor de las jerarquías. La progresiva desjerarquización de Occidente, a partir del triunfo del liberalismo, le parecía una monstruosidad. Franco es algo así como el vengador de La Bastilla. Más que el restaurador de una monarquía ha sido el restaurador de una época. Lo restauró todo: al Rey, a la nobleza, a la religión y a sus ministros, a la escolástica. Restauró al siglo XVIII. Se encaramó en la máquina del tiempo y no paró hasta la evaporación de los eternamente derrotados liberales españoles.

Lo que los españoles llaman el "caos" de la República fue esencialmente la súbita sacudida de las jerarquías. De un trallazo se relajó la secular relación entre los españoles. La reacción llamó a esto pomposamente la "pérdida del principio de autoridad". La reacción a todos los niveles: la de los pobres y los ricos, la de los obreros y los agricultores, la del señorito y la de su vasallo. Los comunistas, irremediablemente dogmáticos, no entienden que no se es reaccionario por la clase a la que se pertenece, sino por la estructura del pensamiento que se tiene; y que un obrero que "abusa" de su familia está espiritualmente ligado al patrono que abusa de él. Esta tensa rigidez ha hundido las gestiones liberalizadoras en España. Todos los intentos han acabado en el caos: cuando se sacude la coyunda jerárquica cunde el pánico y cada bando corre a parapetarse tras sus cañones. En un sector surge la fascinación anárquica. El sueño liberador de Cipriano Mera, Buenaventura Durruti y la CNT. En el otro crece el horror a la ausencia del Jefe. Surge el fascismo. Y estalla la guerra. En ese contexto cultural —insisto— surgió Franco. Tenía las dotes personales e intuyó el aparato simbólico inexcusable. Se recluyó en el Olimpo (Pardo), caminó bajo palio, hizo siempre su voluntad. El Gran Jefe, no consulta. La medida de su jerarquía la da su capacidad de ejercer su libérrima voluntad en completa soledad. Franco ejerció toda la que fue posible. En el año 36, cuando juró como Jefe de Estado, en medio de la guerra, pronunció unas terribles palabras proféticas: "Jamás me temblará la mano". Esa es la condición del Jefe Supremo en un país de señorío y vasallaje. El Jefe Supremo toma las decisiones en soledad y asume las consecuencias. El subalterno asiente y justifica entonces su inferioridad. El último incidente del franquismo fue elocuente: ni sus ministros, ni sus aliados, ni Estados Unidos, ni Europa, ni el Papa querían que se fusilase a los miembros de la ETA. Franco se negó a perdonarlos. El Gran Padre nunca cede en materia de *su* autoridad. Perdonarlos hubiera subrayado una imagen de bondad, pero la imagen esencial dentro de los valores del franquismo, no era la bondad, sino la autoridad.

En esa rígida atmósfera surge un nuevo intento liberalizador, esta vez capitaneado por la derecha. La tarea es difícil. No sólo hay que reformar las estructuras políticas, sino la entraña misma de la cultura española. Liberalizar es sufragio universal, pero también es contraste de pareceres, reto a la autoridad, huelgas y conflictos antes ahogados por la fuerza. La libertad entraña el derecho a desobedecer lo que nos parece injusto y a desacatar a los superiores jerárquicos cuando se apartan de la razón. No sé si España sepa hacerlo. Ojalá. La oportunidad es única.

30-12-75

UN RATO EN LA VIDA DE ESPAÑA DEMOCRATICA

Son casi las siete de la tarde. De mi oficina a la Puerta del Sol —centro de Madrid— hay unos ochocientos metros de olor a mariscos fritos. El viejo Madrid de los Austria se ha quedado para vender frituras. En el trayecto siempre me las arreglo para pasar frente a la casa de Lope de Vega, o la de Moratín, o el convento que guarda los huesos de Cervantes, o la estatua de Calderón, rodeada de palomas, de niños que corren y de vejetes de boina, bastón y gargajo al canto. A fin de cuentas uno también tiene su corazoncito de escritor (aunque me figuro que de insistir en el trayecto la víscera acabará oliendo a aceite de oliva).

—Hay follón —dice un chico—. Sigo imperturbable mi camino a la Puerta del Sol. Allí he visto un libro que quiero regalarle a Labrador Ruiz. Pero hay follón. Los españoles llaman follón al lío, a la algarada, a la bronca, a la gresca. El follón de hoy tiene un origen curioso: el gobierno, sabiamente empeñado en la demolición del franquismo, no sabe qué hacer con los comunistas. Por ahora ha optado por no reconocer al PC. Esa es una estupidez.

Al Partido Comunista hay que reconocerlo, entre otras cosas, por la muy simple y llana razón de que existe. Está ahí y tiene miles de afiliados. No se puede tapar al PC con un dedo. Hay que taparlo con una urna. Sepultarlo bajo una montaña de votos. El gobierno, en cambio, ha preferido mantener la ficción de que no existe. Por eso hay follón.

Hace unos días detuvieron a algunos viejos dirigentes del Partido y varios centenares de muchachos se han lanzado a la calle a pedir que los liberen. Con su torpe política el gobierno está convirtiendo en mártires de leyenda a unos achacosos ancianitos. La Pasionaria debería estar en Madrid tejiendo hoces y martillos para sus nietecitos. O haciéndoles cuentos de las buenas épocas en que el rubio príncipe Stalin exterminó a millones de enanos negros y fascistas.

Santiago Carrillo lo que necesita no es una orden de búsqueda y captura, sino una orden de ingreso en un hospital geriátrico. El pobre hombre padece de relajamiento del esfínter. Con el esfínter relajado la dialéctica materialista está siempre expuesta a una irreverente trompetilla y la lucha de clases puede acabar hecha un asco. Cuando Carrillo fue detenido llevaba una espesa y larga peluca. Así cualquiera. ¿Qué viejo calvo resistiría la tentación de hacerse miembro del Partido Comunista si además del carnet entregaran pelucas? Hábiles que son los camaradas.

Lo aconsejable es lo inverso: dejar que los españoles tengan contacto con los estériles cuadros del PC. Para desalentarlos lo más prudente es enseñarles la asfixiante estructura por dentro. En un santiamén se acaba el discreto encanto de los leninistas.

Pero hay follón. En plena Puerta del Sol comienza la danza de las bombas lacrimógenas, los garrotazos y las vejaciones. La policía todavía no se ha enterado de que el país va para demócrata. Un gorila de casco y visera se me acerca amenazante con su bastón. Mi barba y la chaqueta verde oliva me hacen reo de los peores delitos.

—Tú, ¿quién eres? —me dice—. Le contesto en inglés. No falla. Se paralizan, se desconciertan y no descargan su furia. Otras veces lo he hecho y con idéntico resultado. Una rápida frase en inglés chapurreado desvanece mágicamente las sospechas del idiota armado que me amenaza. Sin razón alguna el energúmeno le da un porrazo a un jovencito que va a mi lado. En esta extraña vida un idioma extranjero puede servir lo mismo para ganarse la vida que para no ganarse un palo.

Otro bárbaro de la tropa de choque dispara su escopeta de gases contra unos pocos que comenzaban a agruparse.

Yo sigo empeñado en la compra del libro, pero tengo que atravesar la enorme plaza y el follón aumenta. Ya lo creo que aumenta. Opto por meterme por las galerías subterráneas del Metro y caminar, tranquilamente, bajo el follón. Aún dentro del Metro se siente la molestia de los gases. Al fin salgo.

—Eh, tú, barbas, ¿adónde vas?
—Excuse me. I don't speak Spanish.

El esbirro, atolondrado, me deja pasar. Entro en la librería. Compro el libro, pero con gran reticencia. Se llama *Un animal tan humano*. Estoy empezando a dudar de lo de *humano*. Mentalmente me hago un recorrido agradable para regresar a mi oficina. Eso: voy a pasar frente al Prado. Cuando he caminado unos pasos oigo a una vieja desdentada (las viejas desdentadas españolas tienen menos dientes que las de ningún sitio):

—Hay follón frente al Prado. Bueno. Qué se va a hacer. La vida es un inmenso follón que por lo visto huele a fritura. Andando. Espero no encontrarme con gorilas políglotas.

31-12-76

ESPAÑA: APARTA DE MI ESTE FUSIL

A ver cuántas veces va el cántaro a la fuente hasta que se rompa. Y cuando se rompa se oirá el do de braguta de algún Pinochet peninsular. Porque es ridículamente obvio que la izquierda delirante y la derecha fascista están provocando un golpe militar.

La izquierda delirante —trotskistas, maoístas, guevaristas y otros barullo-adictos— sostiene la superstición de que la revolución sólo puede hacerse en un encontronazo directo entre las masas y las fuerzas opresoras, y para esto es necesario sacar a los militares de los cuarteles y ponerlos a asesinar en las calles. Es el San Fermín convertido en teoría política.

Se suelta al toro, las gentes corren delante y cuando llegan a la plaza, viene un diestro (de la siniestra) y lo mata con una espada escondida detrás de un trapo rojo. La última vez que algunos españoles enloquecidos pusieron a prueba esta increíble teoría costó un millón de muertos y cuarenta años de franquismo. La derecha fascista tiene la misma estrategia pero contrarios objetivos. Tan pronto llegan al ruedo se ponen de acuerdo con el toro y pasan a cuchillo al señor del trapo rojo y a cuanto espectador gritó olé los pobres del mundo.

Sin embargo, yo creo que esta vez España resiste la operación de pinzas de estas bandas frenéticas. Pese a los secuestros, los crímenes y el clima de histeria, hay muchos factores que contribuyen a la estabilidad de la nación. El primero es el propio ejército. Las Fuerzas Armadas de 1936 tenían muy reciente la frustración de la guerra de Africa y el levantamiento de Primo de Rivera. Paradójicamente los cuarenta años de franquismo han acondicionado los reflejos castrenses en el sentido de la obediencia al poder político. Las Fuerzas Armadas españolas hoy se parecen mucho más al modelo aséptico y profesional de Europa Occidental y Estados Unidos que a los grupos napoleónicos del siglo XIX y primer tercio del XX.

La banca, el agro, la industria, hacen cruces porque la crisis política no agrave la situación económica. No hay más salida que integrarse a Europa, y a Europa no se puede llegar con camisas pardas, negras o rojas. Hay que vestir de parlamento largo, sufragio pudoroso y Declaración Universal de Derechos Humanos más bien anchita. De lo contrario ni moda ni modo. No hay Europa que valga.

La CIA, que desestabilizaba en Chile, me figuro que aquí se dedicará a lo contrario. Y las multinacionales. Y cuanto inversionista prudente quiere evitar que su dinero se evapore al calor de la pasión política. Y el Rey, que quiere serlo de una monarquía democrática y moderna, entre otras cosas porque no tiene más opción y ya vio lo que le ocurrió al cuñado Constantino. Si la monarquía, las tres cuartas partes del franquismo, el capital, los imperios intervencionistas —a la URSS tampoco le conviene un guirigay excesivo—, Europa Occidental, la OTAN y el noventa y cinco por ciento de los españoles no están —*hoy*— interesados en un golpe militar —que tampoco cautiva a las Fuerzas Armadas—, es muy difícil que los extremistas arrastren al país hacia el caos.

Pero esto puede cambiar en el curso de los próximos meses. Esa es la baza que jugarán los aventureros del fascismo y del gauchismo. Llevarán el cántaro a la fuente, dale que te dale, hasta que se rompa. O hasta que acaben en el juzgado de guardia, que es lo mejor que puede ocurrirle a este país entrañable y trágico.

31-1-77

ESPAÑA O EL AMOR A LA GEOMETRIA

"Españoles: cuarenta siglos de franquismo os contemplan". Este fue el comentario de Napoleón en una entrevista reciente que le hizo en su tumba de *Los Inválidos* un reportero de *Lui*. (Está visto que los corsos no tienen nada de originales.)

Pero es el caso que el franquismo fue una especie de cámara de congelación histórica que duró cualquier lapso de tiempo: cuarenta años, cuarenta siglos, cuarenta minutos. La dimensión tiempo se distorsionó y los relevos generacionales se atascaron. Hay políticos de la oposición —Gil Robles, Carrillo, La Pasionaria, Tarradellas— a los que hay que aplicarles el carbono 14 para fijar sus remotos orígenes. Pero son los vencedores de la guerra civil biológica, que al cabo, es la que cuenta, aunque no haya picassos que le pinten guernicas a la heroicidad de las arterias.

Porque todas las dictaduras sostienen con sus enemigos una secreta guerra biológica que consiste en ver quién le lee la esquela a quién. Los liberales argentinos se sentaron a esperar que *La Prensa* y *La Nación* trajeran la noticia, pero a Perón no le dio la gana de detener su trajinado corazón hasta regresar como el King-Kong de los justicialistas, con Isabelita sentada en el cuenco de la mano y López Rega escondido en una oreja.

Y mientras transcurre la sorda batalla cardíaca, inadvertidamente se nos van pudriendo los proyectiles de la batalla política. Porque al cabo de cuarenta milenios franquistas se han ido borrando los límites ideológicos de las tendencias. Aquí cualquiera se proclama lo que le da la gana sin empachos y sin miramientos. Los grupos políticos, como los pioneros del oeste americano, examinan el terreno, descubren un espacio libre y presentan la inmediata reclamación. Somos la izquierda del centro. O somos la derecha civilizada. O somos la izquierda de la izquierda. O somos el centro de la izquierda. O hasta el centro del centro pero un poco más a la izquierda. Fraga Iribarne, después de estar cómodamente instalado en el centro, decidió mudarse a la derecha. Areilza hizo el trayecto en sentido opuesto. Los políticos españoles viajan por la geometría ideológica a velocidades supersónicas.

Y es que en el fondo todo eso es pura paparrucha electorera. España es el onceno país industrializado del mundo; tiene un *per cápita* de más de dos mil dólares, unos anchos niveles medios y está incurso en el circuito financiero y comercial del mundo desarrollado; padece un agudo proceso de inflación, su desempleo comienza a ser alarmante y el signo de su economía es capitalista, pero con una fuerte intervención estatal, lo cual impide el libre juego del mercado. Estas realidades de carne y hueso inutilizan las jerigonzas ideológicas. Todo eso es muy serio y muy complicado para ponerse a trastearlo con manualillos ideológicos. Cualquier partido —derecha, izquierda, centro— que tome el poder tendrá que enfrentarse a los problemas con un repertorio de respuestas limitado y, a veces, contradictorio.

No hay soluciones mágicas en ninguna orientación política. Todo gobernante mínimamente responsable tiene que atenerse al escaso botiquín de urgencia a su disposición. Esto lo comprueban los laboristas ingleses cada vez que ocupan el poder. Esto lo acaba de constatar Mario Soares desde la cúspide de la tremolante economía portuguesa. Allende no lo tuvo en cuenta y *desestabilizó* la política, la sociedad, y la economía de Chile con la fuerza de diez mil CIAS desatadas.

En una compleja sociedad moderna imbricada en los circuitos internacionales las tendencias políticas responsables no pueden identificarse por los medios de conducir la economía. Cualquier desvío significativo de las reglas para conjurar las crisis, cualquier atajo iluminado a las metas del desarrollo, acaba siempre en caos y empobrecimiento. De ahí que la ocupación de las zonas políticas —centro, derecha, izquierda y sus infinitas variables— sea más bien un ritual simbólico para congregar a los electores, o en el mejor de los casos, una toma de conciencia frente a temas marginales no-económicos: el orden público, el divorcio, la moralidad, los Estados Unidos, la OTAN, la pornografía, la educación, etc. Pero los políticos —que son como niños— saben que la economía, como la caca, no se toca. O acabamos hechos un asco.

27-1-77

(M)ALICIA EN EL PAIS DE LAS CONVERSIONES

Es un mundo mágico éste de España. Aquí nadie es lo que aparenta. A partir del siglo XV cientos de miles de judíos recobraron el prepucio espiritual por el lastimoso procedimiento de hacerse cristianos nuevos. La moda sigue. Quinientos años más tarde la conversión le toca a la derecha franquista y a los falangistas. Los "camisas viejas" del fascismo *made in Spain* estrenan casaca democrática con botones parlamentarios y solapa liberal. Es el dictado de los salones de moda de la Europa occidental.

Pero no sólo la derecha se disfraza. La izquierda comunista —la de Carrillo y La Pasionaria— va también de atuendo liberal, electorero y pluripartidista. Por no dejar de apoyar cosas extrañas, el Secretario General del P.C. español, Don Santiago Carrillo, apoya hasta las bases militares norteamericanas en su país. Y apoya las libertades formales y condena los abusos soviéticos y cuando le escuchamos no sabemos si se trata de un monaguillo o si le sirve de medium a una monja clarisa que se le ha metido en el cogote.

Porque Don Santiago está diciendo cosas muy raras, con una voz que no es la suya, y a lo mejor hay que acabar exorcisándolo para que arroje los demonios burgueses. Vaya usted a saber si Moscú no terminará mandándole un exorcista para que le saque los diablos con un hisopo de escalar montañas, como hizo el arcangélico Jacques Monard con el poseso Trotsky. (Stalin creía mucho en los exorcistas. A tiro limpio le sacó los demonios a miles de posesos. Claro que los posesos murieron en el sacramento, pero no todo puede ser perfecto. A Monard, por cierto, acaban de condecorarlo en la Unión Soviética como héroe de la patria, con lo cual se comprueba que el crimen —por lo menos el de Trotsky— sí paga.)

Bueno, ¿cuánto hay de verdad y cuánto hay de mentira en estas conversiones? ¿Cuánto es estrategia, cinismo, modificación de puntos de vista, relámpagos luminosos, etcétera? Hay que hacer primero una distinción entre conversiones. Se cambia de rumbo por diversos motivos.

Pablo de Tarso, camino de Damasco, con el objeto de perseguir a una extraña secta judeocristiana, se cayó del caballo, creyó oír voces, tuvo una extraña visión y perdió la vista durante tres días. Cuando llegó a Damasco, se unió a sus enemigos y se convirtió en el gran propagador del cristianismo. La conversión fue súbita e irracional.

La de Agustín —luego San Agustín— fue lenta, meditada y —según sus *Confesiones*— debida a un largo proceso de algo así como un "autosicoanálisis". La de Blas Pascal anda a medio camino del trallazo de Pablo y la introspección de Agustín, y llegó, con la puntualidad de un tren metafísico, a las diez y media de la noche del 23 de noviembre de 1654. En esa fecha y momento Pascal escribió una especie de acto de conversión, una como inscripción de nacimiento a la fe cristiana, se cosió la declaración al hábito y anduvo con ella pegada al pellejo durante ocho años.

Pero éstas son conversiones religiosas y estamos hablando de conversiones políticas. La diferencia entre unas y otras es que los conversos políticos creen que la muda del pelaje ideológico es una operación racional y la religiosa irracional, cuando los procesos suelen ser idénticos. Veámoslo. La religión, cuando se oficializa, cuando ha superado la etapa evangélica, se convierte en rito y costumbre. La inmensa mayoría la practica mecánicamente sin levantar graves objeciones, pero poniendo íntimamente en duda la mayor parte del aparato dogmático. La gente "cree a su manera", aunque se bautice, confirme, case y muera conforme a los ritos. La más ingenua y elocuente muestra de la *fe por inercia* es el rezo coreado de los "rosarios" o de las letanías. Se dicen las oraciones como si lloviera, como se tararea distraídamente una musiquilla conocida.

Una inercia parecida opera en la ideología política. Salvo en los casos más agudos de oligofrenia, los años van frenando, corazón adentro, la inercia del primer *bing-bang* ideológico. Los viejos comunistas, los viejos fascistas, desgranan mecánicamente las cuentas de sus textos dogmáticos, pero sin apenas creer en las tonterías que recitan. En España ha ocurrido algo de esto. Cuarenta años de franquismo sirvieron para probarle a la derecha que el falangismo y toda la retórica del Movimiento eran una bobería solemne, ineficaz y sangrienta, pero también han servido para probarle a los viejos bonzos del Partido Comunista que el marxismo-leninismo conduce a la opresión, a la tiranía, al burocratismo y —por supuesto— a la ineficacia.

Yo no sé si el Eurocomunismo comenzó por ser una estrategia electoral. Es probable, pero me parece que el truco le va a costar caro a Moscú. El creciente *liberalismo* de los P.C. francés, italiano y español, acabará en un cisma tajante y definitivo. Estas conversiones difícilmente tienen retroceso. Cuando se dan los primeros pasos fuera de la secta se siente una arrolladora sensación de alivio —el alivio de abandonar públicamente lo que no se creía en privado— y se acelera entonces el ritmo de la estampida. Pero Carrillo, Berlinguer y hasta el estalinólatra Marchais están cuestionando demasiados aspectos de la praxis marxista para que el Kremlim lo permita impunemente. Por la misma regla de tres, los reformistas del franquismo —Suárez, Areilza, Fraga Iribarne— no regresarán al autoritarismo fascistoide. Me figuro que desde hacía muchos años rezaban el rosario del Caudillo con más aburrimiento que devoción. Un día Franco se murió y todo el mundo estaba listo para la conversión. Todo el mundo: tirios y troyanos.

20-1-77

EL CAMINO DE SANTIAGO (CARRILLO)

Los comunistas europeos, que son como los peregrinos de antes, tienen sus lugares sagrados —"en este lugar sagrado" escribió Marx— a los que acuden con devoción. Moscú, que fue la Meca, el Santo Sepulcro de los camaradas, ha pasado de moda. Ahora los comunistas han descubierto el Camino de Santiago. O sea, de Santiago Carrillo. La pregunta, pues, que debe hacerse todo bicho reflexivo e interesado es ésta: a dónde conduce el eurocomunismo.

Me temo que en España Don Santiago ha errado el tiro. Su eurocomunismo no tiene destino. Y voy a las razones. Primera y definitiva: no hay espacio electoral. El Partido Socialista Obrero Español, que se dice marxista, pero democrático, liberal y evolucionista —o sea, eurocomunista de antes de la palabra— acapara a la clientela política a que aspiran los eurocomunistas de Carrillo. ¿Para qué arriesgarse con un Partido Comunista que se dice inofensivo cuando el Partido Socialista Obrero Español es eso mismo, pero con tradición de buena conducta y recomendaciones tan respetables como las de Willy Brandt o Mario Soares?

Si los comunistas de Carrillo van a defender el parlamento, el voto, las libertades formales, el pequeño y mediano industrial o agricultor, los pactos y las alianzas militares, la paz social, ¿qué los diferencia de los socialistas? Carrillo y sus adláteres podrán decir misa (con perdón), pero el eurocomunismo, si no es estrategia, es herejía socialdemócrata y lo demás son cuentos para dormir a la militancia de base.

Y ahí está el segundo problema. La base de los partidos comunistas es mucho más dogmática, estrecha e intolerante que la cúspide. Cuando Gide quería señalar el grado máximo de imbecilidad solía decir "estúpido como un militante de base". Se refería al Partido Comunista, claro, que tanto conoció. Y el que haya caminado ese sombrío trayecto de la militancia comunista sabe de lo que estoy hablando. Esos hombres abnegados y honestos de la base del Partido Comunista, suelen ser, al mismo tiempo, intensamente estúpidos. La dirigencia, en cambio, es menos abnegada y honesta, pero mucho más flexible y comprensiva. Los cuadros comunistas que recuerdan el sorprendente bandazo de la desestalinización sufrieron lo indecible con la reacia actitud de la base. Sencillamente, la base se negaba a aceptar que el padrecito Stalin hubiera hecho cosas tan horrendas. Y los cuadros sudaban la gota gorda para explicar que donde dije Diego dije otra cosa diferente. Por la base del Partido Comunista español, pues, habrá fisuras. La Unión Soviética instigará divisiones, y los elementos más reaccionarios —los cabezas cuadradas— pondrán tienda aparte en dirección de la Meca moscovita.

Sólo una jugada deses(ines)perada le queda a Carrillo: tratar de integrarse al Partido Socialista y controlarlo desde adentro. A fin de cuentas Carrillo viene de las filas del Partido Socialista Obrero Español con el que hoy compite. Era el jefe de las juventudes socialistas antes de la guerra civil y se pasó al Partido Comunista español con todas sus huestes. Ese regreso hoy parece imposible, pero una labor tenaz y una buena campaña de relaciones públicas lo lograría. El primer paso sería un frente popular para las elecciones municipales del año próximo. Tal vez lo intenten. En todo caso, el esquema francés y el italiano no se ajustan al español. Carrillo no puede ser el Berlinguer de la otra península, sencillamente porque en Italia no hay un partido socialista fuerte como el Partido Socialista Obrero Español; y tampoco puede ser el Marchais de España, porque su partido carece del respaldo sindical, los refinados cuadros y la tradición política del Partido Comunista francés.

El eurocomunismo sólo es rentable para Carrillo en función de su imagen, pero no de un aumento de la audiencia electoral. Los que aplauden el cambio de actitud no son necesariamente partidarios, sino probablemente adversarios. Antes —en la fase stalinista— había un objetivo concreto —la sociedad sin clases—, un método para alcanzarlo —la lucha de clases—, y un estado capaz de resistir la transición —la dictadura del proletariado—. Hoy no queda nada en pie. Sólo Carrillo, Tamames, la Pasionaria y otros dirigentes que estrenan gorro frigio y revolución francesa. Carrillo ha vuelto al socialismo de donde salió, pero deja una masa infecta de leninismo que probablemente no lo siga en su aventura. Es lógico que tras la euforia de acaparar cintillos sobrevenga la crisis.

12-7-77

EN DEFENSA DE LA UNION SOVIETICA

Et tú, Carrillo, hijo mío. (Dijo Breznev y se pasó el peine por las cejas). *Et* tú Carrillo, que tanto nos debes. ¿Quién, malagradecido, exterminó en tu provecho a los dirigentes del POUM? ¿Quién asesinó de un balazo a Andrés Nin? ¿Quién persiguió a los anarquistas? ¿Quién financió a tu partido en el exilio? ¿Quién operó de vejiga a la Pasionaria? ¿No recuerdas qué era el Partido Comunista Español cuando estalló la guerra civil? Nada, Carrillo. Un puñado de gente desprestigiada con apenas representación en el parlamento. Cuando terminó la guerra el Partido Comunista Español lo era todo. Engañamos a Largo Caballero, utilizamos a Prieto y a Negrín, financiamos en provecho del Partido Comunista Español las Brigadas Internacionales. No pudimos darles la victoria, pero al menos logramos el raro privilegio de convertirlos en los grandes derrotados. Eso es mucho más que la melancólica insignificancia prebélica que padecían. Sólo un 2 % de la votación. Carrillo, ¿recuerdas? ¿De qué hablas, Santiaguito? ¿Qué mosca pequeñoburguesa te ha picado? ¿Qué agente de la CIA te ha comprado? ¿Cómo vas a abominar de la dictadura del proletariado? ¿No leíste a Marx? ¿Fueron inútiles las obras completas que te regalamos? Eran para ti. Las encuadernamos en piel de disidente. ¿No las recuerdas? ¿No las leíste? La dictadura del proletariado la inventó Marx, Santiago, no nosotros.

¿Y de dónde, de qué secreta víscera te has sacado el asquito a la destrucción de las libertades formales? Tampoco, Santiago embaucador, leíste a Lenin. O no lo entendiste. A los burgueses, reblandecido amigo, "hay que machacarlos con un puño de hierro". No pretenderás, ibero ingenuo, hacer una revolución estructural con el aparato burgués intacto. ¿No aprendiste, sesohueco, que las leyes y las instituciones burguesas han sido concebidas para perpetuar las injusticias que engendra la propia sociedad burguesa? ¿No te enteraste que el estado liberal es la atmósfera política en que respira el capitalismo? ¡Libertad, libertad! ¿Qué es libertad? Y tú me lo preguntas. Reconozco, Santiago, que hemos matado a millones de seres humanos. Reconozco que hemos encarcelado a otros millones. El archipiélago Gulag existe, Santiago. ¿Y qué? Ahí está nuestro país. Ahí están doscientas divisiones, diez mil aviones, mil sputniks. Eso es materialismo dialéctico y no las paparrucha idealistas neokantianas en que ahora te obnubilas.

Santiago, Santiago, ¿cómo diablos quieres aplicar el marxismo si no es a punta de bayoneta? ¿Tú no sabes que hemos fracasado en crear hombres nuevos tras cuatro generaciones de comunismo? No queda más remedio que matar y encarcelar, Santiago, porque si no lo hacemos la revolución se nos escapa de las manos. Y para esa sucia tarea, renegado, hace falta un partido verticalmente organizado, disciplinado, obediente, aunque acabe convirtiéndose en una burocracia parásita. Nosotros preferiríamos que no fuera así, Carrillo de mis siete dolores, pero la política no es un negocio de monjas estigmatizadas, sino de gentes ambiciosas de poder y de gloria. Hay que remunerarlos, hay que privilegiarlos, españolito, o los perdemos. Si alguna vez llegas al poder —que no llegarás, seguro, por ese camino de blandenguerías burguesas— comprenderás que a las gentes o se les paga o se les pega. O se les pega y se les paga, a la vez, pero no queda otra opción para ponerlos en marcha. ¿Cómo se te ocurre, pigmeo político, oponer tus exiguas fuerzas a nuestro glorioso Partido Comunista soviético? Si no fuera por los tanques que súbitamente te han repugnado, toda Europa oriental y Cuba se hubieran descomunizado. Intervinimos en Hungría, intervinimos en Checoslovaquia e intervendremos en cualquier país hermano en el que peligre nuestro sistema porque frente a tus jeremiadas de liberal trasnochado está el glorioso destino de la Unión Soviética y del comunismo.

Tu pataleo será inútil, Carrillito. Rosa, Kautsky, Trotsky han sido mucho más importantes que tú y sus elucubraciones han sido borradas por el tiempo. Malatesta, Garaudy, Djilas, hombres de mucho más talento que tú, no lograron amellar nuestra coraza con sus ataques. Tú tampoco podrás. ¡Viva el PCUS! ¡Viva el marxismo-leninismo!

8-7-77

10 CONCLUSIONES ELECTORALES

Mentira. España no es diferente. Por lo menos no es muy diferente a sus vecinos europeos. La matemática electoral es contundente: en una Cámara de 350 diputados, 170 pertenecerán al centro, 115 a los socialistas democrático del Partido Socialista Obrero Español, 20 a los comunistas, 15 a la derecha, 10 a los nacionalistas vascos y el resto queda repartido en denominaciones menores. En el Senado, el centro tendrá mayoría absoluta. Votó más del 80 % del electorado.

Vamos, pues, a las 10 conclusiones de las elecciones:

PRIMERA: La masa electoral es notoriamente moderada. Un 70 % de los votantes se inscribe en un abanico ideológico que sólo abarca de la izquierda civilizada y confiable a la tibia derecha de los liberales.

SEGUNDA: Esta tendencia contribuirá, en lo futuro, a homogeneizar hacia el centro a los partidos políticos. Los votos que necesita la izquierda civilizada están a su derecha, mientras los que necesita la derecha están a su izquierda. Fuera de esos límites no hay espacio electoral disponible. Para los socialistas esto significará, aunque no de inmediato, una orientación hacia la socialdemocracia. A la izquierda, hacia el socialismo radical, no hay votos. Para el centro significará el alejamiento de sus raíces franquistas. A su derecha tampoco hay votos.

Las elecciones, pues, significarán una saludable fuerza centrípeta.

TERCERA: Habrá que darles autonomía a las regiones. Vascos y catalanes han sido explícitos: quieren la autonomía y habrá que dársela. Más aún, al centro le conviene otorgársela. El radicalismo político de vascos y catalanes, es, esencialmente, nacionalismo. Tan pronto las regiones sean autónomas, la temperatura política descenderá al promedio del centro.

Las regiones se acoplarán con el resto del país. No es razonable que estas regiones, o los gallegos y los canarios, emprendan el camino de la independencia. A fin de cuentas, vascos y catalanes venden los productos de sus industrias al resto de España. Necesitan tanto de España, como España de ellos.

CUARTA: Los comunistas, con una votación cercana al 10 %, han quedado muy debilitados. Antes de las elecciones, el franquismo era el enemigo. Después de las elecciones, los socialistas, a su derecha, y un reguerete de grupos radicales a su izquierda, los han comprimido. Trotskistas, maoístas, anarquistas, leninistas y otros camaradas acusan al PC de traidor, revisionista, anti-soviético, totalitario y otros adjetivos inflamantes.

El Eurocomunismo es una trampa de, acuerdo, pero me temo que Carrillo, sin darse cuenta, haya caído en ella.

QUINTA: El franquismo está definitivamente liquidado. La mejor prueba del repudio al franquismo ha sido la pobre votación de Alianza Popular, el partido de Fraga Iribarne. Fraga es el político español con más garras de estadista. Fue, en su momento, el ala liberal y liberalizadora del franquismo. Si no fuera tan testarudo y agresivo, hoy ocuparía, con mayor votación aún, el sitio de Suárez. Fraga inventó el centro y convocó a él a un grupo atrayente de la derecha civilizada, pero su incapacidad para negociar, lo llevó a romper esa formación política y a trasladarse al equipo de viejos y desprestigiados franquistas.

Junto a López Rodó, González de la Mora, Arias Navarro y gentes de ese corte, ha fracasado. En política no bastan carismas ni talentos. Si no se representa a una opción razonable, se fracasa.

SEXTA: La democracia cristiana también ha fracasado. Gil Robles y Ruiz Jiménez no se dieron cuenta que la creación del centro los dejaba sin clientela política. Lo inteligente era haberse sumado a ese centro, al que fueron invitados, con el objeto de catequizarlo.

El electorado que votó por el centro, es el mismo que en Alemania e Italia votó por la democracia cristiana. Más aún, cuando ese centro quiera dejar de ser un mero pacto político para ganar elecciones, cuando quiere constituir realmente un partido con militancia y estrategia, no veo mejor coartada que la democracia cristiana.

SEPTIMA: El peso religioso ha desaparecido del espectro político. La Iglesia cuenta poco a la hora de votar.

El catolicismo recalcitrante y trasnochado es cosa del pasado. La propia burocracia eclesiástica, obispos, monseñores y curas de a pie, estuvo dividida y regada por todo el mapa político. Hubo curas del PC y curas de Alianza Popular.

OCTAVA: La Falange, es decir, el fascismo español, también ha desaparecido, ya es sólo una retórica confusa manejada por dos minúsculos grupos que se odian: los viejos falangistas que lucraron a la sombra de Franco, y una hornada reciente de varios centenares de fanáticos.

NOVENA: La votación masiva y la legitimidad del nuevo Gobierno, ponen en un grave aprieto a la ETA, GRAPO, FRAP y otros grupos dedicados a la guerrilla urbana. Ya no luchan contra una dictadura fascista, sino contra un gobierno democrático libremente elegido. Como por magia, el rito electoral los ha convertido de patriotas en pistoleros, despojándolos del romanticismo revolucionario.

DECIMA: Y más amarga conclusión. Unas elecciones no hacen una democracia. Todo esto, todavía, es muy frágil. Si se produjeran graves alteraciones del orden, si las huelgas salvajes se hicieran incontrolables, si la inflación destrozara la economía, si Suárez, Fraga o el Rey fueran asesinados, las Fuerzas Armadas podrían apresurarse a intervenir. Recuérdese que en España han muerto asesinados, Cánovas del Castillo, Dato, Prim y recientemente Carrero Blanco. El magnicidio ha sido un reiterado factor de la política española. En una de las colas electorales escuché este diálogo:

—Abuelo, ¿por qué vino tan temprano a votar?

—Ay, hijo, en las últimas, que fueron hace 40 años, me quedé dormido. Si se repite el ciclo no tengo tiempo para una tercera oportunidad.

17-6-77

FELIPE GONZALEZ Y LOS SOCIALISTAS ESPAÑOLES

Felipe González puso la materia prima y la Internacional Socialista elaboró el producto. Ese es un viejo esquema en la negociación entre poderosos y menos poderosos. El joven político español —su imagen— es producto de Willy Brandt, de Golda Meir, de Harold Wilson, de Olaf Palme. En política dime con quién te retratas y te diré quién quieres ser, quién te apoya y qué te propones.

La Internacional Socialista se retrata y apoya a Felipe González porque quiere creer que el joven abogado sevillano será un factor de poder cuando la vida política española permita un cambio de rumbo. Quieren hacer con Felipe lo que hicieron con Mario (Soares). Pero quieren hacer más. La reciente reunión de Caracas a la que asistieron los líderes de la socialdemocracia europea y latinoamericana, bajo la dirección de Rómulo Betancourt, fue concebida con el objetivo de apoyar a González. De darle relieve y perfil en un panorama político como el español, achatado por el peso de cuarenta años de dictadura.

La Internacional Socialista tiene esperanzas en Felipe González como las tuvo en Dionisio Ridruejo o en Tierno Galván. En todo caso, la Internacional Socialista aspira a que España sea gobernada por un partido homologado por Londres, por Estocolmo, y especialmente, por Bonn, que es quien paga la factura.

Pero hay algo que Don Felipe no parece entender del todo: la Internacional Socialista —como todas las Internacionales— no es una desinteresada firma de relaciones públicas. Lo de las relaciones públicas es verdad, pero sólo si éstas sirven a los intereses generales de la secta. Hay dinero, hay apoyo, hay retratos, hay presión, pero sólo si Felipe entra por el aro. De lo contrario tendrá que irse a saltar a otro circo. Lo menos que se le puede pedir a un aliado (y más a un protegido) es que coincida con los objetivos de la empresa.

Pues bien, está claro que el primer objetivo de la Internacional Socialista es evitar que la otra Internacional, la comunista, se engulla a Europa. Es algo así como una OTAN por las buenas o la guerra por otros medios. No pensará Don Felipe que Golda Meir, Harold Wilson y Willy Brandt se reúnen para trazar una estrategia frente a Washington. Es obvio que los cañones temidos apuntan desde el este y no desde el oeste. Es notorio que la subversión, el espionaje o el reto electoral es el de los comunistas prosoviéticos y no el de los partidos burgueses.

Pero hay más. La Internacional Socialista no agrupa partidos marxistas. Eso era antes. Todos los partidos socialistas han dejado de ser marxistas aunque conserven cierta nostalgia retórica. Aun Mitterrand, en la extrema frontera ideológica del socialismo, hace unas semanas declaró enfáticamente que ni él ni su partido eran marxistas. Si el Partido Socialista Obrero Español —el de Felipe— insiste en ser marxista que hable ahora o que calle para siempre. Todavía hay tiempo para la separación de cuerpos y almas.

Lo que Don Felipe no puede pretender es estar con tirios y troyanos. El oyó en Caracas, de labios de Rómulo Betancourt, una expresa condena al castrismo por la intervención en Angola y por el rigor de la dictadura cubana. El sabe que los apristas peruanos viven acosados por los comunistas; se enteró que el presidente socialdemócrata Oduber —de Costa Rica— ha expresado sus temores por la subversión comunista, mientras que el ex-Presidente Figueres es punto menos que un adversario personal de Castro.

Si en Europa el primer enemigo de la Internacional Socialista son los comunistas, en América es el castrismo, o lo que es lo mismo, la versión caudillista del comunismo, dirigida por Fidel Castro.

¿A qué viene, pues, tanto entusiasmo con el dictador cubano? Al joven político español —en su reciente visita a Cuba— le ha parecido muy bien ese contacto directo entre Fidel, el hombre-poder y el pueblo, sin pasar por el tamiz de la consulta electoral. Tal vez, sin darse cuenta, está respondiendo a mecanismos de aprendizaje adquiridos en una vida —como la de todo español de menos de 50 años— trágicamente educada en el autoritarismo.

Pero ese entusiasmo fidelista, sumado a su esclerótica insistencia en el marxismo, pueden echar a perder sus relaciones con la Internacional Socialista. Don Felipe tiene que entender que ese grupo de partidos —como acaba de acontecer en Portugal— está decidido a auspiciar un mundo justo, libre y democrático, pero desde concepciones liberales, por lo tanto visceralmente anticomunista. Y si no lo entiende —como ya ocurrió con el dominicano Juan Bosch— que se vaya con su música a otra Internacional. A fin de cuentas en España hay grupos más consecuentes y serios a los que es posible arrimarles el hombro.

12-7-76

SOCIALISMO ESPAÑOL Y EL CUENTO DE LA BUENA PIPA

Los muchachos compañeros de la vida de la barra querida socialista se reunieron en Madrid. El objetivo era apoyar al PSOE (Partido Socialista Obrero Español) en su versión *renovada*. El socialismo español, como todos los socialismos, está escindido en dos vertientes, la socialdemócrata, que es anticomunista, y la socialista, proclive al pacto con los camaradas de Moscú. Los comunistas, a su vez, se dividen en puros (leninistas) y reformistas (eurocomunistas). Y cada grupo se subdivide en sus particulares ortodoxos y heterodoxos. Es el inacabable cuento de la buena pipa, pero a lo político.

Por lo visto el marxismo, como la lombriz solitaria, está siempre condenado a desprender anillos. Mientras no se echa la cabeza, hay mitosis. Quiero decir, mientras no se rechaza de plano ese arbitrario sistema de creencias, hay divisiones. La división es la inevitable consecuencia de suscribir un dogma. Todos los epígonos de todas las doctrinas deben pagar con este rito de fragmentación el pecado original de haber surgido de un dogma. Siempre habrá unos idiotas celosos de la fidelidad a los textos (las derechas) y otros idiotas que los interpretan libremente (las izquierdas). Y siempre acabarán a la greña.

Para terminar con ese bobo pasatiempo los socialistas deben renunciar de una vez a las supersticiones del marxismo. Todo, absolutamente todo Marx, ha sido negado por los hechos posteriores. Ser marxista en 1976 es una asombrosa prueba de la obstinación de ciertos espíritus gallináceos. El materialismo histórico, la lucha de clases, la teoría marxista del valor y la plusvalía, la hipótesis de la acumulación creciente de capital y la pauperización consecuente del proletariado, la predicción de catástrofe como colofón de ese panorama, todo, ha resultado falso y casi siempre contrario. Marx no acertó nunca. Ni siquiera es útil como "instrumento de análisis", empleo al que generalmente le relegan los marxistas cuando dejan de serlo.

Los socialistas tienen que reconciliarse con esta idea: el marxismo no sirve para nada. Es legítimo el compromiso con los sectores desvalidos, abogar por la propiedad pública o mixta de los bienes de producción, otorgar a los sindicatos un mayor poder político. Todo es legítimo, pero desvinculando la búsqueda de estos objetivos de la jerigonza marxista. En 1958, con la declaración de Bad-Godesberg la socialdemocracia alemana dio un paso en esa dirección, pero no lo suficientemente claro. Hay que ir a más. Hay que coger a Marx, hacerle un busto, ponerlo junto a Comte, darle un beso en la frente y olvidarse de él.

El problema es que la clientela política más joven, especialmente la universitaria, se ha acostumbrado a que le hablen en marxista. No es fácil, de golpe y porrazo, anunciarle que ese buen señor, adiposo y peludo, buen padre de familia (bueno, no tanto) estaba rabiosamente equivocado. El marxismo es un sistema de creencias del que difícilmente se desprende la gente. Es tan sencillo mirar la complejidad de todo lo que existe a través de ese pobre ventanuco, que los marxistas —aún frente a la evidencia— se niegan a renunciar. Por una punta es un misterio de fe, y por la otra es un problema de comodidad. Todo se resuelve graciosamente en mecanismos dialécticos, todo es tan chato, obvio y claro, que es una pena renegar de la teoría.

Por eso el marxismo es un pasatiempo de gente joven. A cierta edad es posible creer que la vida, como las películas de Chaplin, es toda muda y en blanco y negro.

Eugenio D'Ors decía que la crítica literaria era la "carrerita corta" de la literatura. El marxismo es más o menos la "carrerita corta" de la filosofía, aunque señores espesos como Gramsci, Adorno o Lukacs pretendan que se trate de la ciencia infusa en la frontera del esoterismo.

Y vuelvo a España. Los socialistas de este país repetirán *ad infinitum* la liturgia divisionista. Tierno Galván juega el papel de la izquierda del socialismo, Felipe González ocupa el centro, el PSOE (histórico) la derecha. Cuando cambien los nombres, las posiciones seguirán vigentes, y otros adultos, serios y responsables, gentes que se afeitan y cantan en la ducha, insistirán en el tonto jueguito. Y así hasta que se liberen del maleficio del pensamiento dogmático. ¿Quiere que le haga el cuento de la buena pipa?

14-1-76

SOCIALISMO ESPAÑOL

La caja de los truenos españoles —o la caja española de los truenos, qué lío la sintaxis— está en poder de los socialistas. No es el ejército, amansado por cuarenta años de franquismo, ni los ultras de derecha o izquierda, pocos pero malos, los que pueden desencadenar los perros viejos y babeantes de la guerra. Es el socialismo. Es el PSOE, un partido antiguo regentado por mozos de menos de cuarenta años, y en cuya cúspide maniobra Felipe González, un listísimo andaluz que iba para galán de telenovela, como mi amigo Diego Arria, pero al que se le metió en el seseante "corasonsito" el gusano de la política.

El problema del PSOE (Partido Socialista Obrero Español) es el que inevitablemente se le plantea a todas las formaciones socialistas: en algún momento tienen que deshojar la margarita: marxismo sí, marxismo no, marxismo sí, marxismo no. Y tienen que elegir. Y si Felipe elige marxismo sí apaga y vámonos. Se secan las inversiones extranjeras, el capital se fuga del país en todo lo que ruede, flote o vuele, los empresarios no invierten, crece el paro obrero, los encontronazos, el desorden y comienzan a organizarse las procesiones al Valle de los Caídos al exorcista grito de "Franco, resucita/España te necesita" coreado hoy por cuatro locos, pero potencial estrofa del "Cara al Sol" de la próxima década. (En este viejo país hay tradición para todo. Amarran el cadáver de Franco a un Babieca de la fábrica Pegaso y dale con la Reconquista. Santiago y cierra España otro medio siglo). Esto es tan obvio, tan allendescamente obvio, que sólo puede ignorarlo esa pobre gente cegada por los resplandores de los libritos sagrados.

Afortunadamente parece que la dirigencia de más peso

dentro del PSOE, encabezada por Felipe González, ha optado por la socialdemocracia. Socialdemocracia es un eufemismo que quiere decir, traducido al roman palatino, que de marxismo nada. No es que se haya renunciado a la erección de una sociedad justa e igualitaria —a las erecciones nunca se renuncia— sino que se ha renunciado a buscarla por los vericuetos ineficaces del marxismo. La vía socialdemócrata es esencialmente fiscal, y se instala dentro del espacio capitalista de producción, y su carnal del derecho burgués, con parlamento abierto a la calle y libertades formales respetadas. La socialdemocracia, en fin, es el único socialismo que ha funcionado. Es el de Suecia, el de Alemania, el de Israel, el de Noruega y Dinamarca. El socialismo que ha renunciado a la jerigonza marxista, aunque conserva algunos tics de la vieja retórica. Ese es el camino que parece haber escogido el ala más poderosa del PSOE español. El ala de la derecha socialista, encabezada por el propio Felipe González, y en la que se inscriben Múgica Herzog, Miguel Boyer —de regreso al partido—, Carlos Zayas y hasta el tonante Alfonso Guerra. Por supuesto, esa desbandada a estribor, no es fácil. Los cabeza-calientes del PSOE se rebelan. El más notable cabecilla de la ortodoxia marxista es Pablo Castellano, abogado madrileño de limpia ejecutoria antifranquista, acompañado por la Agrupación Socialista Autónoma de Vallecas —barrio obrero de Madrid—, y el Colectivo Socialista de Trabajadores de Cataluña. Antes de las elecciones municipales —¿abril?— deben ocurrir numerosas deserciones de la siniestra psoísta.

Nada de eso, realmente, perjudicará al PSOE. Un somero análisis del resultado de las elecciones de junio del 77 debe haber convencido a la dirigencia pragmática del PSOE de que los votos conquistables, como la gente que se porta bien, están a la diestra del Señor. A la izquierda está el galimatías de Tierno Galván, el euromonaguillismo carrillista, y una docena de grupúsculos ininteligibles. Si la izquierda del PSOE se baja del Partido, mejor flotará la nave electoral. Más españolitos asustados darán su voto a una colectividad que no se come a la gente y que no piensa derribar la sociedad española, sino apuntalarla. Los otros socialistas, el PSP de Tierno Galván, probablemente desaparezcan de la escena política española. El "viejo profesor" —una especie de Lenin mal plagiado por los japoneses— reivindica para sí la ortodoxia marxista, pero dentro del más absoluto respeto a la libertad. O sea, como los eurocomunistas, pero sin partido de base obrera. Tierno es incoherente y como es incoherente, lo más probable es que Santiago Carrillo se meriende su tremolante partido. Carrillo —para comerte mejor— ya le ha enseñado sus caries. Raúl Morodo —el segundo de a bordo— con toda probabilidad abandonará al Profesor. Morodo no quiere acabar de figurante en una comedia de Frente Popular.

Sería ideal para la salud política y económica de España que acabaran configurándose dos grandes bloques electorales: un gran partido de centro derecha —la UCD de Suárez—, más o menos dentro de los esquemas democristianos, y otra fuerza similar, socialdemócrata, liderada por el PSOE. Y que ambas se empeñen en perfeccionar la sociedad en que les ha tocado competir, no en destruirla estúpidamente. Existen fundadas esperanzas en ese sentido. La más sólida se sustenta en la evolución del PSOE hacia la derecha.

20-1-78

¿OTRA GUERRA CIVIL?

Carrillo ha dicho que no pasarán. Que si hay otra guerra civil ahora sí que no pasarán. Y Fraga ha dicho que si el orden público, que si los incontrolados, que si el país huele a chamusquina, a 1936 y a Calvo Sotelo con un agujerito en la cabeza por donde se escaparon los demonios de la guerra. El Parlamento, pues, estrena 1978 a trompetazos apocalípticos. La pobre Pasionaria, con su marcapaso alterado, brindó en Nochebuena por la victoria de Líster. Santiago Carrillo le aclaró, bajito, con una ligera patada en la punta del hígado, que no, que ni el año ni el Líster eran los mismos. (Nosotros, los de entonces, ya no somos los mismos, Dolores, ¿o es que ya no recibes *Pravda*?).

Pero bueno: habemus guerra, ¿sí o no? Yo creo que ni guerra y ni un modesto pronunciamiento militar. El 1978 pasará "sin novedad en el frente", como escribió el pacifista Remarque fusilándole una crónica a Sara Hernández Catá, escrita en Verdún, a cielo descubierto, huyendo de la mano muerta del coronel Bernardo Viera. No habrá guerra, pero añado que para dejar sentada esa afirmación tajante parto de la base de que este pueblo colérico y extraño, de historia hirsuta y espasmódica, se comportará racionalmente. (O sea, que no pierdo nunca; si no hay conflicto es porque el análisis es correcto, y si estalla, es porque los hechos no ocurrieron conforme a la razón. Espero que los lectores me excusen tan manifiesta deshonestidad).

Creo que no es lícito agitar, como un coco histórico, la fecha de 1936, porque hace cuarenta años los factores en juego eran totalmente diferentes. Comencemos, esquemáticamente, por la cabeza.

La Monarquía. —Ésta de hoy, resucitada por Franco, no arrastra el descrédito de Alfonso XIII. Juan Carlos I —nadie se equivoque— es un monarca popular. Ha servido, esencialmente, como valla contra la ultra derecha y como garantía para el Ejército. Juan Carlos ha pasado por las tres armas y los mandos medios de los tres ejércitos tienen su edad. Un levantamiento militar sólo es previsible desde la derecha, y es muy difícil que ésta se enfrente al joven monarca.

El Ejército. — El ejército español es más un cuerpo profesional y técnico que una zona ideológica. Paradójicamente fue el franquismo quien sacó a las Fuerzas Armadas de su larga tradición golpista. Entre 1939 y 1975 las Fuerzas Armadas españolas estuvieron confinadas en los cuarteles y prácticamente al margen de los asuntos del Estado. Esto significa que no hay caudillos ni líderes locales. No ha habido, tampoco, guerras en las que hubieran podido surgir. Franco rehuyó —a mi juicio inteligentemente— los enfrentamientos coloniales de Guinea o el Sahara. Además, y afortunadamente, al frente de las tres armas hay un general, Gutiérrez Mellado, con fama de genio, mucho carácter y evidente vocación democrática.

La derecha. — Poco puede "desestabilizar" mientras esté "cogida" entre la monarquía democrática y las encuestas de opinión. La derecha —Fraga, pues no hay otra—, representa sólo al diez por ciento de la opinión pública. (La ultraderecha no existe: unos cuantos fascistas nostálgicos, ya con reuma en la mano de saludar, y unos cuantos chiquillos adictos a la violencia). La derecha seria —vuelvo a Fraga— ni puede, ni creo que quiera tocar a rebato.

El centro. — El centro, menos. El presidente Suárez, con sus tecnócratas, liberales, socialdemócratas y neofranquistas convertidos a la democracia, es el artífice de esta bendita transición a la libertad. Nadie en sus cabales puede suponerle intenciones golpistas. Nadie puede pensar que esa vertiente intente interrumpir el proceso democrático.

La izquierda. — Los socialistas españoles son corderos disfrazados de lobos sin otro propósito que divertir al electorado más joven. (Con los comunistas ocurre a la inversa. Son lobos disfrazados de corderos para no producirle taquicardia a la señora del notario). La izquierda —por lo menos ahora— ni quiere ni provoca follón. Entre los socialistas no hay —gracias a Dios, a Palme, a Brandt o a quien sea— un Largo Caballero que se ponga a jugar al Lenin español, ni entre los comunistas se vislumbra un cabecilla con vocación de incendiario. La izquierda quiere Parlamento, paz, tranquilidad. Es obvio que cualquier alteración del orden público le cuesta electores, y es obvio que es ella quien perdería ante cualquier encontronazo.

La situación internacional.—En 1978 no hay una Alemania o una Italia fascistas soñando *risorgimientos* y milenios arios. Si existe alguna operación secreta de la CIA debe ser para consolidar la incipiente democracia española. Moscú —el otro poder potencialmente desestabilizador— tampoco querrá jugarse a fondo la carta del conflicto. Sus objetivos, por ahora, son claros: impedir que España entre en la OTAN y lograr el cierre de las bases militares norteamericanas.

Pero no todo conduce a la estabilidad. Hay tres gravísimos factores que ponen en peligro la democratización del país: la inflación, los conflictos del país vasco y la izquierda incontrolada. Todo eso es peligroso.

20-8-78

SOGA PARA SU IMPERIAL PESCUEZO

Me refiero a Juan Carlos I, Rey de todas las Españas (menos Gibraltar, claro). El muchacho ha demostrado poseer un enorme instinto político. Ahora que se le ve imaginativo y audaz, ahora que ha probado que no era el idiota de baba que pintaba la inevitable maledicencia ibérica, ahora puede aquilatarse su atroz sufrimiento durante los largos años de la enérgica bobería franquista. Porque Tierno, Felipe González, Camacho, la Pasi y el resto del pueblo sufrieron el franquismo, pero Juan Carlos sufrió a Franco, lo que estoy por creer que resultaba notoriamente peor.

Juan Carlos I (¿y último?) le ha brindado un enorme servicio al pueblo español. Su sabia decisión de democratizar al país y volverle la espalda al franquismo es uno de los más lúcidos actos de la historia política española. Si desde arriba no se impone la democracia, desde abajo se impone el caos y dale que te pego con la dictadura militar. No obstante, con la democracia y la libertad, Juan Carlos, lentamente, va trayendo la república. No es nada inmediato. Hoy nadie pide el fin de la monarquía. Todavía Juan Carlos es útil al afianzamiento de la democracia. La ultraderecha española, autoritaria y montaraz, se jugó a fondo la carta de la monarquía y el monarca les salió liberal y demócrata, pero monarca, como madre, no hay más que uno y hay que respetarlo. Juan Carlos, pues, tiene todavía un importante papel que jugar: freno y retranca a la derecha levantisca.

Pero algún día —¿cinco, diez años?— esa demencial derecha habrá perdido su peso en la economía, sus contactos en el ejército y su potencial capacidad desestabilizadora. En ese momento Juan Carlos I, Rey de todas las Españas (sin contar Gibraltar), empezará a notar que su empleo peligra. Tal vez los socialistas, secundados por toda la izquierda, pedirán el fin de la monarquía. Probablemente la derecha civilizada (que en este extraño país se llama "centro") no se empecine demasiado en defenderla. Seguramente la otra derecha, la de palo y tentetieso, le pasará la cuenta por la "traición" de hoy.

Puede cuestionarse la validez de eliminar a un monarca que tan útil ha resultado a su país, pero no se trata de un monarca, sino de una institución que en España tiene una historia lamentable, y de una familia tarada y fatídica en la que Juan Carlos viene a ser la benemérita excepción. ¿Quién puede asegurar que el heredero de este valioso Rey no retornará a la nefasta tradición de estupidez y malgobierno de la cáfila borbónica? Para evitar esto —y para incordiar, claro— resurgirá el republicanismo en amplios sectores políticos.

En un régimen auténticamente democrático no hay muchas maneras de evitar que estos sucesos ocurran. Provisionalmente sólo vislumbro tres: primero, despojar al monarca, con su aquiescencia, de absolutamente todos los poderes. Es decir, reducir su incumbencia a salir retratado en los sellos, darle la mano (con cuidado) al embajador paraguayo, y sonreír hasta el *rigor mortis*. Si el Rey español, como su colega británica, se convierte en una especie de souvenir, es posible que la izquierda descubra que no vale la pena exigir su cesantía. La segunda manera de salvar el imperial pellejo puede consistir en adelantarse a los hechos y *ahora,* ahora que su imagen es buena y todos le agradecen su gestión, plantear —él mismo— unos periódicos referendums en los que el pueblo ratifique la institución monárquica. Si cada diez años fuera posible quitarse al Rey de encima, es probable que los españoles no se lo quiten nunca. Esta opción tiene la ventaja de que limitaría el debate a plazos fijos, ahorrándole al país el molesto *ritornello* de republicanos *versus* monárquicos.

La tercera y sombría manera de sobrevivir con la testa coronada puede ser, en última instancia, pactar la extinción de la monarquía cuando ocurra la muerte del monarca, rogándole, claro, a los presuntos regicidas, que no se desesperen. Así no habría traumas ni renuncias. Limpia y civilizadamente se acuerda que la República llega con el infarto. Con el mismo frac y con la misma banda de música —la inflación es el rayo que no cesa— se entierra a Juan Carlos y se le da posesión a un vulgar y democrático presidente.

Personalmente lamentaría que Juan Carlos se quedara sin trabajo. El desempleo es desagradable siempre, pero más aún para los monarcas. El Rey es listo y ha hecho sus labores con asombroso esmero. Sólo que la política es un rudo deporte de porrazos e infidelidades. Puede ser que al mejor de los borbones, al único realmente benéfico, le toque la irónica suerte de liquidar la dinastía.

12-4-77

CUANDO VUELAN LOS CANARIOS

El soool tiene rayooos de oooro,
la luna su pasionaaaria.
Y España el mayor tesoooro
que son las Islas Canaaarias.

Y uno que estaba medio convencido de lo que decían los Chavales de España. Pues no: el análisis dialéctico del pasodoble —como diría Federico Riu— confirma que los Chavales estaban equivocados. España no está muy segura de *tener* a Canarias. El topetazo de dos Jumbos puso al descubierto que hay un minúsculo movimiento independentista canario, con su patriota —un tal Cubillos—, con sus bombas, con su retórica y sus manifiestos.

Resulta que hay un país canario, como hay uno vasco, y otro gallego, y otro catalán, y otro valenciano, y si me apuran digo que otro andaluz, y otro navarro, y otro aragonés y otro lo que sea y otro castellano, que fue el que se llevó el gato al agua. Porque España, claro, es la obra imperial de una Castilla zurcidora de la rasgada geografía política de la Península Ibérica. Sólo que Canarias pertenece a otro paño y a otro desgarrón. Es otra cosa. España no *es* Canarias, sino *tiene* a Canarias como tuvo a América.

La historia de Canarias está más cerca de la aventura americana de los españoles que de sus raíces europeas. La colonización y cristianización de Canarias es la primera empresa marítima de una España que estaba cuajando en nación. En esas islas africanas —en aquel entonces remotas— no había moros a quienes derrotar ni territorio que reconquistar. Canarias fue la primera *conquista*. Y allí surgieron los primeros *criollos* —descendientes de españoles de ultramar—, y los primeros *mestizos* (los hijos de españoles y "guanches"). Allí se llevó a cabo la primera colonización.

Canarias, aunque lo ignore, culturalmente pertenece a la atmósfera antillana a la que dio y de la que recibió carga genética. (Espero que Fidel Castro no lea estos papeles. Sus tercios africanos están muy cerca de Canarias y podría "reivindicar" las islas).

Basta un paseo por Las Palmas para evocar el mágico parentesco entre canarios y antillanos. El mismo hablar anémico y cadencioso. Los mismos hábitos alimenticios, el vocabulario común. La Habana, Santo Domingo y San Juan respiran la atmósfera de Las Palmas. La propia Península no tiene dos estereotipos diferentes para prejuzgar a canarios y antillanos. Ambos grupos se les antojan como tribus de nobles e indolentes indígenas que descansan a la sombra de los cocoteros mientras disfrutan de un clima descaradamente benévolo.

Yo no sé si el tal Cubillos —tipo medio chiflado al servicio de la CIA argelina— logrará su empeño de independizar a Las Canarias. Por ahora parece que los propios canarios no lo desean. No debe ser muy atractivo el proyecto de africanización del archipiélago que propone el tal Cubillos, pero la idea de la independencia no es fácilmente descartable. Si la Península quisiera evitarlo lo más indicado, al menos como punto de referencia, es desempolvar el expediente antillano y averiguar qué ocurrió en el archipiélago del Caribe en las últimas décadas del siglo XIX.

Por lo pronto descubriría que el antídoto contra la independencia no es la represión sino la autonomía, y acabaría por darse cuenta que sólo poniendo un cuidadoso empeño en el destino económico de las Islas podría desvirtuar la sospecha canaria de que son "otra cosa". El tal Cubillos es hoy un personaje de delirio y manicomio. Mañana puede tener una estatua camélida en una plaza pública.

5-4-77

TIEMPO DE CAMBIO: DOS ENCUESTAS

Dice *Time* que los yanquis se van haciendo más conservadores en materia de sexo. Y dice *Cambio 16* —la gran revista española dirigida por José Oneto— que los españoles se han desmadrado al sur del ombligo. Las dos encuestas han aparecido simultáneamente. En USA resurgen la fidelidad, la virginidad y otras rarezas de la entrepierna. Ya se sabe que de los yanquis, cada cierto tiempo, hay que esperar una nueva versión de King-Kong, de Tarzán y de la Reina Victoria. (No me da la gana de utilizar el abominable símil del pájaro Fénix). Son los personajes inmortales de ese gran país, que aunque no se dé cuenta, es todo Hollywood.

España, en cambio, estrena sexo. El país completo está feliz como un adolescente con su primera fotografía pornográfica. En el cine todo el mundo se quita la ropa; en las obras de teatro, venga o no a cuento, las señoras y los señores se quedan en pelotas. En una comedia, absolutamente delirante, pregunta el camarero a una dama encopetada:

—¿Quiere caviar para la cena la señora?

Y responde la imaginativa fémina:

—Usted me pregunta si quiero caviar porque cree que tengo miedo a enseñar mi cuerpo. Pues ahora verá que no...

Y con la misma exhibe el impresionante epitelio, incluidas las excrecencias pilosas tan celosamente ocultadas durante la pubisfobia franquista.

En las revistas corrientes y molientes temerarias parejas de Albacete buscan relacionarse con matrimonios de Murcia que estén "liberados" para pasarlo-bien-todos-juntitos. Y un chico esbelto que toca el arpa solicita estibador robusto para entablar amistad profunda. Y hasta una viuda de la guerra —¡oh inmortales hormonas!— se ofrece para lo que guste mandar el señorito. Y trescientas prostitutas de Bilbao, portando la patriótica ikurriña, se han manifestado contra las medidas coercitivas de la policía. Y centenares —muchos centenares— de "gays" invadieron las Ramblas catalanas en demanda de derechos civiles. (No somos nada, viejo Paco, tanto palo y tentetieso y mira qué ha pasado con la reserva espiritual de Occidente).

Todo esto es ejemplar y delicioso. La España sombría de calzoncillos largos —el cero coma no sé qué cuánto del electorado— culpa del desmadre al comunismo, a la masonería y a la corrupta y luterana Europa, pero esa súbita borrachera de sexo es obra, precisamente, del franquismo. Aquellos lodos trajeron estos polvos. Esa estúpida manía de subir escotes y clausurar braguetas que padecen los totalitarismos —los videla, los pinochet, los castro, los franco y otros notorios genitófobos— acaban por estimularle el hipotálamo al más desangelado. Los españoles desfogan ahora cuarenta años de hipotálamo reprimido. Necesitarán por lo menos otra media docena para bajar la temperatura.

Pero bajará, claro, y a ello contribuirá —además del aburrimiento— el nuevo rumbo de la moralina norteamericana. Porque todo lo yanqui acaba siendo imitado por el resto del planeta, y lo mismo que han uniformado con *blue-jeans* a los azorados terrícolas, terminarán imponiendo alguna electrónica forma de cinturón de castidad, probablemente distribuida por el señor Levy Strauss, ya para esa fecha asociado con la Texas Instrument.

11-5-77

PORTUGAL

¡AY, PORTUGAL! ¿POR QUÉ TE QUIERO TANTO?

Los comunistas portugueses acaban de ser pasados por las urnas. Han sido civilizada y despiadadamente ametrallados a sufragio limpio. Para alcanzar un mezquino 14 % votó hasta la abuela del señor Cunhal, encantadora ancianita de ciento ocho años, que por su edad y su ideología bien pudo cantar fados con el mismísimo Marx.

No hay otra manera inteligente de aplastar a los comunistas que darles con la urna en la cabeza. A veces basta con amenazarlos. Se hace como en las películas. Va uno por un callejón oscuro, como de Londres, surge un comunista acechante, con capa roja, cuernos, rabo y un tomo de *Das Kapital* en la mano, listo para desnucarnos. Damos un paso atrás y le sacamos una boleta electoral al tiempo que con voz firme gritamos: "vade retro camarada, en nombre de la aritmética yo te conjuro, hijo de la III Internacional". (Lo de III puede decirse también con números arábigos. No se nota y va y hasta tienen petróleo). El caso es que es infalible. Huyen dando gritos. Si el conjuro es muy fuerte —blandiendo, por ejemplo, una urna de bolsillo— es probable que el bolchevique (casi se me había olvidado la palabra) se difumine en una nube gaseosa inexorablemente roja.

Sigamos con los demonios. Los exorcistas que expulsaron al diablo del cuerpo portugués fueron Soares y Melo Antunes. Mario Soares salió a la calle a pelear y Melo Antunes hizo lo mismo en los cuarteles. Pocos países han estado más cerca que Portugal de entonar esa especie de manisero político conocido por la Internacional. Cuando lo cantan desde el poder lo que se va no es el manisero, sino la relativa prosperidad. Aumentan los pobres del mundo, como para que haya más coro. Volvamos al grano. (No al de maní, sino al otro. Al portugués).

La conspiración comunista fracasó entre otras cosas porque la CIA y el Departamento de Estado norteamericano creían que su triunfo era inevitable. Kissinger, que es un señor muy comprensivo, ya estaba dispuesto a negociar con los comunistas. Fueron los alemanes y los ingleses los que se negaron a aceptar la derrota de los demócratas. Corrió dinero y apoyo en favor de Mario Soares.

En Europa estas cosas se hacen sin tapujos, como debe ser. Es ridículo que países que tienen la defensa militar articulada conjuntamente y apuntando a un enemigo común, se detengan en consideraciones de monja boba sobre la integridad de la soberanía. Que los partidos socialdemócratas o los democristianos se ayuden entre sí, me parece lo más sensato en un mundo internacionalizado en pactos defensivos, mercados comunes y multinacionales.

Quienes no saben hacer estas cosas son los norteamericanos. Hubiera sido legítimo, razonable y correcto, que el Partido Demócrata americano subvencionara en Chile a los democristianos del señor Frey, o los republicanos a los conservadores del señor Alessandri, más o menos como el PC de Moscú subvencionaba a los comunistas y socialistas chilenos. El error de los gringos consiste en convertir en turbio y oscuro lo que puede y debe ser transparente. Esa pasión yanqui por el espionaje barato conduce a que un anónimo "Jimmy" entregue un sobre con dólares al diputado González en el inodoro de un café apartado. ¿Por qué la CIA? ¿Por qué el rito degradante, el misterio y el inodoro?

Ya son cuatro las internacionales políticas que funcionan en Europa: la comunista, la socialista, la democristiana y la liberal. Esto es consecuente con el parlamento europeo y la estrategia política continental. En América no debía ocurrir de otra forma, y son los partidos los canales idóneos para esta clase de solidaridad. No los servicios de espionaje ni la policía, sino las colectividades políticas. Y mientras más pronto, mejor.

Bien harían los partidos populares de América en revivir la Izquierda Democrática y en sacarla a pelear. En Portugal la presión socialdemócrata internacional liquidó la conspiración comunista y redujo a los conspiradores a la horma electoral. En España, por lo visto, le están poniendo el hombro a la erección de un Estado democrático.

A Portugal la rescataron, como en los versos ripiosos de Zorrilla, al pie de la sepultura. En España no quieren correr ese riesgo y han puesto, temprano, manos a la obra. A fin de cuentas la Internacional está al alcance de cualquier laringe.

6-5-76

EL DILEMA DE SOARES Y DE LOS OTROS

Ser o no ser siempre me ha parecido una pobre alternativa. Se trata, simplemente, de escoger entre dos opciones. Lo difícil es dejar de ser. Shakespeare no se imaginó que lo agobiante no es optar, sino darse de baja de una postura. Renunciar a una manera de hablar. Lo agónico es abandonar un estilo. Retractarse. Pero no con trabalenguas de donde dije Diego dije lo que sea, sino con la honradez de donde dije Diego me equivoqué y hay que volver a empezar.

Ese es el dilema de los socialistas: tienen que dejar de ser marxistas. Pero dejarlo en serio, porque de lo contrario caen en la trampa de traicionar los hechos con la retórica. No es honesto alentar el estado liberal burgués mientras se mantiene la cháchara marxista. Peor aún: es una estupidez. El marxismo no es la ciencia infusa, sino una forma de conversar más o menos solemne. Es el tomismo, el positivismo, el agustinismo o cualquier otro dialecto entretenido. Es inútil negarlo con los hechos y sostenerlo con las palabras.

Si no fuera excesivo diría que el marxismo, como el bacilo de Koch, vive en la saliva. De donde hay que eliminarlo es de la saliva, puesto que nunca ha existido en los hechos. Es un ente de pura consistencia verbal. Un canto ritual sostenido por el do de pecho de los comunistas, pero ridículamente coreado por los socialistas, socialdemócratas, liberales y conservadores.

Porque el marxismo está al alcance de todo el mundo. Hay curitas marxistas, hay obispos marxistas, hay millonarios marxistas, hay capitalistas marxistas. Hay —todavía más maravilloso— marxistas marxistas. Es decir, bípedos que no se definen por su oficio (barbero o ingeniero atómico), por su raza (blanco o cholo con pelo ondulado), por su orientación ética (bondadoso, pederasta, misógino), sino por su sistema dogmático. (Hay un sistema dogmático, como hay un sistema nervioso o linfático). Tipos que se plantan delante de uno y le dicen "yo soy marxista". Jesús, ¡qué susto! Así de sopetón uno no sabe si reconfortarlos, ponerles la mano en el hombro o darles el pésame. Todo un lío.

Y bien: hay que dejar de ser marxista, como hay que dejar de ser freudiano, como hay que dejar de ser otros anos que yo me sé y que no digo por no asustar a mi abuela que es muy piadosa y que va a misa. Más difícil era dejar de ser aristotélico o kantiano y lo logramos. Urgentemente hay que darse de baja de cualquier sistema cerrado de creencias. Hay que salir corriendo de los dogmas, revelaciones y de las verdades evidentes. Hay que prohibir las mayúsculas. Estamos en la era del indeterminismo, de los números transfinitos, de la exploración molecular y espacial.

Empezamos a viajar hacia afuera y hacia adentro y toda metafísica hermética es un lastre insoportable. Está bueno ya de hablar tonterías: las novelas del señor Marx —o las del señor Freud— son muy entretenidas, pero sólo eso. Que las reciten los comunistas, que son creyentes, pero no el resto del personal político. El marxismo para quien se lo crea. (Buen slogan). Los demás son chupópteros que se roban la plusvalía ideológica.

Todo esto viene a cuento de mis admirados Haya de la Torre, Echeverría, Carlos Andrés Pérez, Felipe González. Llegado el momento de las decisiones los socialistas tendrán que optar entre los hechos y la saliva. A Mario Soares le acaba de ocurrir. No vale la pena decir que los Partidos Comunistas son los malos, pero que el marxismo es bueno. Estoy por creer que los partidos comunistas son mejores que el marxismo. Lenin, el pobre, hizo lo que pudo. La praxis era mucho más difícil y fatigosa que la teoría. El leninismo podrá ser luminoso o repugnante, pero siempre será más importante que el marxismo, aunque lo nieguen los intelectuales de cuello duro.

Los Partidos Comunistas hacen lo que pueden para adaptar la vida, que es muy compleja, al marxismo, que es muy elemental. Cunhal es un ángel. Verdad que stalinista, un angel exterminador, pero no hay otra manera de ser comunista. La vida es mucho más grande que el marxismo y no hay otro modo de meterla en la doctrina que a martillazos. "Stalin" quiere decir eso mismo: acero, martillo. Revelador, ¿verdad?

6-7-76

AMERICA

USA

JIMMY CARTER: UN RETRATO ROBOT

¿Cómo es Mr. Carter? Esa pregunta se la hace hoy medio mundo. Especialmente el medio mundo regido por la Unión Soviética. Los analistas del servicio secreto soviético se devanan los sesos averiguando qué hay detrás de la sonrisa del georgiano.

—Ah, pero es de Georgia, como Stalin.

—No, Iván, no seas bruto. Es otra Georgia.

Y allá van los pavlovianos sicólogos a alimentar las computadoras rusas de la NKVD con datos de Jimmy Carter:

—¿Por qué no responde la computadora, Iván?

—Es que el prisionero se cansó de darle a los pedales.

Todo el mundo sabe que las computadoras soviéticas funcionan con pedales. No son eficientes pero ahorran energía. Y la energía escasea, pero el prisionero no.

El caso es que no es fácil conocer el perfil sicológico del nuevo presidente. Con ese propósito, con ese único propósito, acabo de dedicar un luminoso domingo madrileño a leer la autobiografía del sujeto. *Jimmy Carter, contado por Jimmy Carter*. El libro es horroroso, pero tal vez sirva para el objetivo. Creo que se pueden extraer ciertas conclusiones, aunque no estoy muy seguro de que las memorias sean un buen método para conocer a los hombres. Las memorias se escriben con la guardia en alto. Se ocultan hechos importantes y negativos y se subrayan otros. Todavía más en estas urgentes memorias de campaña política, encaminadas a encandilar al electorado potencial.

La literatura ideal para conocer a fondo a un sujeto de la historia son las cartas personales, las listas de su lavandería y las transcripciones de los micrófonos ocultos. El pueblo americano no conoció a Nixon hasta que no lo oyó hablar por teléfono con sus secuaces. Sólo que todo eso se acabó con Watergate y hay que volver a los papeles heroicos.

Bien: este señor Carter tiene una marcada vocación por el orden, la disciplina y el método. De estudiante escogió la carrera de ingeniero, pero no para ejercerla con imaginación creativa, sino para servir en la Marina. En su libro, cada vez que puede, subraya positivamente las virtudes del trabajo en equipo. Me da la impresión de que se trata, por encima de todo, de un organizador formidable. No creo que haya ganado las elecciones por su imagen apostólica de hombre bueno, sino por su increíble capacidad para organizar a los adeptos. La imagen sólo se ve si hay mecanismos que la reflejan. Jimmy Carter supo crearlos.

Sin embargo, ser un organizador formidable puede servir para ganar elecciones, pero me temo que es muy poco para dirigir a los Estados Unidos. Estamos en presencia de un gran ejecutivo, capaz de reorganizar la administración federal, probablemente capaz de balancear el presupuesto, o hasta de lograr esa cuadratura del círculo que es reducir, a un tiempo, desempleo e inflación. Pero no es un estadista.

Será un eficaz administrador doméstico, pero poco más. Asusta su total ausencia de formación humanista. Es un lector de informes y memorandos. Con ingenuo orgullo menciona la hazaña de haber leído *La guerra y la paz* de Tolstoi, y para probarlo resume el contenido en dos párrafos absolutamente gratuitos.

¿Qué hará este tecnócrata ante unas crisis internacionales del calibre de las de Berlín (1948), de Suez (1956), Bahía de Cochinos (1961) o "los cohetes" (1962)? Me sospecho que Jimmy Carter, por su estructura sicológica, se entenderá mejor con los halcones que con las palomas. El lenguaje de los militares debe serle más familiar que el de los políticos.

Se rodeará de técnicos, de especialistas incapaces de incurrir en abstracciones, de hombres que tienen respuestas tajantes para complejísimos problemas. Si esta hipótesis es cierta creo que el dedo de Mr. Carter estará más cerca del gatillo que el de Mr. Ford. Nixon y Ford congeniaban mejor con la ambigüedad humanista de Kissinger que con la aritmética de MacNamara. Mr. Carter hubiera optado al revés.

Queda en el aire, por supuesto, el tema religioso. Carter es un creyente, pero eso no cambia las cosas. Truman tal vez ha sido el más piadoso de los presidentes americanos y no vaciló en estrenar la guerra nuclear. Mr. Carter no es una monja clarisa. De acuerdo con el texto que he leído, su voluntad de servicio al prójimo tiene siempre nombre y apellido. Quiero decir, consiste en ir a casa de fulano y comprarle unas muletas o pagarle una operación de amígdalas, pero no refleja una abstracta formulación de principios generales. Su cristianismo no será obstáculo para adoptar actitudes agresivas. Léanse el libro: verán que este señor nunca ha puesto la otra mejilla. Nunca. Así que tome nota, Iván, el de la KGB.

11-11-76

UN RED NECK EN LA WHITE HOUSE

Primero el Método Cortina: *reed neck* es el equivalente yanqui del *paleto* español, del *guajiro,* del *vale,* del *jíbaro,* etcétera, etcétera, latinoamericanos. *Red Neck* quiere decir cuello rojo y no tiene, necesariamente, una connotación despectiva. Me figuro que esto alude al trabajo a la intemperie de los campesinos. *White House,* ya se sabe, es la Casa Blanca. Bien: parece difícil que Jimmy Carter, "red neck" de Georgia, no acabe en la White House de Washington. Vamos a hablar del tipo. O de un aspecto que me parece sumamente interesante.

Se ha dicho que Jimmy Carter no se compromete a nada. Que nada asegura. Que nada afirma. Que no hay manera de atarlo a una palabra clara. Todo lo soluciona sonriendo colgatescamente. Con esa misma táctica y con esa misma dentadura llegó a la gobernación de Georgia, estado sureño y racista, y desarrolló una gestión liberal e igualitaria. Bien por Carter. Ha entendido el juego democrático americano y es la viva esencia del pragmatismo. Eso me gusta.

Un político que mande en Washington no debe ser otra cosa que pragmático. Cuando de las decisiones personales depende la pobreza o la prosperidad de millones de seres, el hambre o la alimentación de la propia nación o de extrañas naciones, la guerra o la paz, no hay otra alternativa que adoptar la decisión que más convenga a esta situación, tiempo y lugar.

Inglaterra hace mucho que dijo aquello de que las potencias no tienen principios, sino intereses. No es exacto. Pueden tenerse principios generales. El pragmatismo es más bien un método flexible de alcanzar esos principios. Un gobernante atado por la cadena corta de los dogmas no tiene espacio para la imaginación. Remito al lector al lamentable expediente soviético, con sus aburridas luchas entre ortodoxos y revisionistas, eternos rivales en la correcta interpretación de los textos sagrados. Los hechos soviéticos no son buenos o malos por sus consecuencias, sino por lo que se ajusten a la doctrina del señor Marx. Si eso no es una estupidez que baje (o que suba) Lenin y lo vea.

El pragmatismo americano está encaminado a alentar toda acción que no entrañe pérdida de la libertad individual y que conduzca al enriquecimiento de las gentes, a mayor confort, a mayor disfrute de la vida. Es decir. el pragmatismo yanqui por una punta es filosofía, pero por la otra acaba siendo economía. De ahí que es inútil intentar jugar con dogmas.

En lugar de ponerse a gritar que *la tierra para quien la trabaja* —por ejemplo— se alimenta con esa hipótesis una computadora que posee un modelo de la economía con cinco mil variables previsibles y tablas de *in-put-out-put*. Al cabo de unos minutos podemos saber si la tierra debe ser para quien la trabaja o para las señoras bizcas de menos de ochenta y dos años. Estoy tratando de decir que la calificación ética de un hecho, dentro del pragmatismo, no depende de las intenciones previas, sino de las consecuencias, y un político pragmático no tiene otro norte que la búsqueda de las mejores consecuencias.

Esto explica que Jimmy Carter sea alérgico a los compromisos muy explícitos. Es mejor sonreír que comprometerse. Con las sonrisas nunca se entra en contradicciones.

Pero hay algo que no encaja en el rompecabeza: su religiosidad. La religión es siempre dogmática. Llega un punto en que se cree por fe, por revelación o porque a uno le da la gana, pero inevitablemente entramos en pugna con la razón. Generalmente los espíritus pragmáticos suelen ser escépticos en materia religiosa. Carter, en cambio, es un auténtico fanático.

¿Lo es de verdad? ¿No será otra muestra de las artes mañosas del político pragmático? A fin de cuentas Jimmy Carter queire proyectar una imagen de muchacho —*good ole boy*— sencillo y honesto, bastante alejado del estereotipo del político hundido en Watergate o superviviente de Chappaquidick. Para esa tarea no viene mal la atmósfera de la parroquia. Pero puede ser que todo esto no sea otra cosa que una malévola sospecha. De todas formas, hay algo que no encaja.   22-7-76

LOS EVANGELIOS SEGUN JIMMY CARTER

De pronto, como el maní caído del cielo (nadie puede convencerlo de que fue maná), ha descendido el profeta Jimmy Carter. Es un profeta en blue jeans, pero es un profeta en toda la regla. Viene a predicar la buena nueva de los Derechos Humanos y a combatir el pecado. Su lenguaje no pertenece a la política, sino a la ética religiosa. Los rusos y otros demonios menores no entienden por dónde van los tiros.

Si el Espíritu Santo no se apiada rápidamente de los malos gobernantes y les concede el Don de Lenguas se puede armar la de Dios es Cristo. Los políticos corrientes y molientes son vergonzosamente monóglotas. Sólo dominan el idioma ambiguo del cinismo, la vista gorda y la *real politik*. El haz-lo-que-yo-digo-pero-no-lo-que-yo-hago. El triste dialecto de los países-no-tienen-ideales-sino-compromisos. El lenguaje pedestre de el-fin-justifica-los-medios.

El problema es que este sureño sencillo no se ha bajado del púlpito. Más bien cambió de púlpito. Cambió de escenario, pero continúa repetido el sermón admonitorio y moralizante de todos los domingos. Si el sufrido delegado soviético ante las Naciones Unidas, el borroso señor Y. Malik, entendiera de qué va la cosa, asistiría a las sesiones con una pamela blanca y un tomo de *El Capital* en versión de King James.

Porque la sintonía con Carter hay que buscarla en la más elemental onda religiosa. Nada de complicados malabarismos teológicos. Carter cree que hay unas acciones negativas, llamadas pecados, y otras positivas que halagan a Dios. Y Carter cree que machacar al adversario es pecado. Y también cree que su misión —la que Dios le ha encomendado, porque ¿qué rayos hace en la Casa Blanca sino es por Su Divina Providencia? es la de evitar esos pecados, y está feliz porque no sólo le ganó las elecciones a los republicanos, sino porque se ha instalado en la parroquia más importante del mundo.

Con esos truenos la fauna política está inquieta. El que más y el que menos, en nombre de unas vidriosas teorías, mata, hace daño, miente. Hasta ahora lo educado, lo prudente, era mirar al techo y silbar discretamente la oda al principio de no intervención en La-menor. En medio de este espectáculo irrumpe un señor de insultante decencia. Un señor que llama pan al pan y mentira al vodka. Un señor que llama asesinato al asesinato y abuso al abuso. Un señor que censura los crímenes de Castro, pero que no se traga los de Somoza, los de Stroessner o los de Pinochet. Y eso, claro, es inconcebible.

Los políticos del garrote y las medias tintas creen que acabarán por callar a Carter. Suponen que los intereses del país terminarán por sofocar su voz. Yo tengo mis dudas. La estructura mental de Carter no es la de un político, sino la de un religioso. Este señor cree que tiene una misión regeneradora. Cree que Dios lo ha puesto en la presidencia para mejorar los destinos del Hombre. Así, con mayúscula. Desechar su campaña pro Derechos Humanos no sería un simple cambio de estrategia, sino la traición a sus más íntimas convicciones y a la propia misión que Dios le ha encomendado. Es difícil, pues, que cambie de rumbo. (El que esté libre de pecado que tire la primera bomba atómica).

25-3-77

JIMMY STRANGELOVE
O EL PRESIDENTE QUE AMABA LA BOMBA

En el Kremlin, y con razón, están temblando. En Washington, más que un equipo demócrata, gobierna un gabinete de guerra. La especialidad y la preferencia del apostólico señor Carter y de sus principales acólitos es como ganarle la contienda a Moscú en cualquiera de sus variantes térmicas: fría, caliente o al baño María del reñidero ideológico. Desde que Jimmy Carter ocupa la presidencia no hace otra cosa que reflexionar sobre la destructividad de las bombas (neutrónicas), la maniobrabilidad de los bombarderos o la relación entre costo y eficacia de los "misiles" autopropulsados. Mientras el arsenal norteamericano se afina y actualiza, prosiguen las letales y letárgicas conversaciones SALT, y los soviéticos comienzan a ponerse nerviosos. Y es que Carter, Brown, Brzezinski, Schlesinger y ahora Turner, saben infinitamente más del tema que la plana mayor del Kremlin. Por primera vez desde la Segunda Guerra Mundial los políticos que mandan en Washington son, esencialmente estrategas de la guerra y no meramente maniobreros electorales más o menos asesorados. Brzezinski ha escrito unos libros definitivos comparando —*oponiendo* en sus tientos y diferencias— a la Unión Soviética y a los Estados Unidos. Brown es un genio y un sabio en materia de armamento. El propio Carter, antes que predicador o manisero, es un oficial de submarinos atómicos definitivamente más cerca del lenguaje científico que de las abstracciones humanísticas.

La situación es lamentable, pero inevitable. En lo que a las grandes democracias capitalistas concierne es una tremenda suerte que el ocupante de la Casa Blanca dedique su tiempo y su esfuerzo a perfeccionar la máquina bélica de Occidente. No hay otro factor disuasorio frente al imperialismo soviético —el social-imperialismo que dicen los chinos— que el dedo en un gatillo más rápido y poderoso que el que oprimen los rusos. Mientras no se encuentre un sustituto tendrá vigencia la política de armarse más para que no haya guerra.

Europa sería la gran víctima soviética en caso de un ostensible debilitamiento militar norteamericano. Bastaría un simple ultimátum de Moscú para lograr la finlandización de Europa occidental. El primer ministro danés suele decir que el ejército de su país podía reducirse a un soldado situado en la frontera sin otro armamento que un teléfono. Al detectar los tanques soviéticos tendría órdenes de avisar a Copenhague que sacaran las banderas blancas.

En ese estado de indefensión pese a los delirios franceses subsiste Europa. Su precaria autonomía e independencia depende del paraguas norteamericano y mientras más sólido, compacto y extenso, mejor será para todos.

A fin de cuentas *también* para Estados Unidos es un acierto que el presidente sea, por encima de todo, un experto en cosas de guerra. *También* para Estados Unidos el más urgente problema es la posibilidad de un conflicto armado con los soviéticos. La pobreza de los *ghettos* puede corregirse con medidas a largo plazo. El vendaval de la adicción a drogas puede amainar o "desaparecer" de los códigos penales, que esa es otra. La carencia de combustible acaso pueda subsanarse con fuentes alternas de energía. La conciencia de una responsabilidad común frente a la degradación del medio ambiente se abre paso. Estos y mil problemas planteados dentro del sistema tienen solución dentro del sistema. Pero el único que se escapa a la dialéctica íntima del sistema es el de una derrota militar a manos soviéticas. Todo se vendría abajo: el gran sueño americano y su buena o mala aplicación, la sociedad que tienen y la que quisieran tener. La Tercera Guerra será un espectáculo dantesco de muerte, destrucción, aniquilamiento para todos, pero peor para los perdedores, claro. En ese caso, claro, es muy útil que Mr. Carter ame las bombas.

16-8-77

CUBA

CUBA-USA: SECRETOS DE ALCOBA

O yo no entiendo nada —hipótesis muy probable— o entre Cuba y Estados Unidos hay unas extrañas relaciones sadomasoquistas. Habíamos quedado en que Washington, las multinacionales, Wall-Street y otros vampiros repugnantes eran los succionadores de la sangre económica cubana. Habíamos quedado en que La Habana había conjurado la presencia de los chupópteros con unos valientes *"vade retro"* gritados en ruso. Habíamos quedado en que el trato abusador, desleal y feroz del agresivo capitalismo yanqui había sido sustituido por la integración de Cuba en el fraterno bloque socialista, con la ayuda siempre espléndida de la Unión Soviética y Europa Oriental, y con la apertura de nuevos mercados que surtían a Cuba de cuanto necesitaba y le compraban cuanto producía.

Todo esto no lo digo yo —perplejo testigo—, sino lo dice Fidel—Sade—Masoch, el inteligente estratega del bandazo a babor de los cubanos. Masoch, como se sabe, fue el teórico del erotismo a estacazos. Gozaba sufriendo. Vestía de pieles a sus mujeres, y se hacía azotar con látigos mientras asumía posiciones humillantes. Se conservan los *contratos* de ama y esclavo que suscribía con sus mujeres. Masoch dio su nombre a la extraña perversión: masoquismo. El marqués de Sade se la daría al componente activo de la pareja: el sadismo. Pues bien, unas veces Estados Unidos hace el masoquista y Fidel maneja el látigo, y otras es el líder cubano el que aúlla de placer.

Es obvio que si Estados Unidos se llevaba la parte del

león, en su comercio con Cuba, la forma de castigar a la Isla no era bloqueándola, sino endeudándola. Mucho más eficaces que los saboteadores de la CIA eran los agentes de Madison Avenue con sus investigaciones de mercado y su consumismo teledirigido. Pero hete aquí que hace quince años Washington comenzó a flagelarse los bolsillos imponiendo el bloqueo a la isla. Se prohibió saquearla, se prohibió prestarle dinero con intereses de usura, se prohibió comprarle sus materias primas a precios de miseria y venderle los productos manufacturados a costo excesivo.

Ante tan curioso comportamiento, lo razonable es que la ex víctima se alegrara de la conducta suicida de su enemigo, pero no, en esto de las perversiones todas las predicciones lógicas fracasan. Cuba comenzó entonces a pedir a gritos que terminara la inhibida crueldad de los Estados Unidos y retornasen a la época gloriosamente erótica de la explotación. Más valía un sádico conocido que un masoquista por conocer. O aquello otro de un sádico pegando que un ciento volando. O lo de el que a buen sádico se arrima y todo lo demás. Refranero no faltaba.

Hoy Carter, a petición de La Habana, petición coreada por todos los progres que en el mundo han sido, se dispone de nuevo a empuñar el látigo. El bloqueo será levantado. En el cementerio de Transilvania Avenue se siente la chirriante apertura de los ataúdes. (Por desconocidas razones nadie ha engrasado nunca una bisagra de ataúd). Allí se ve a un banquero que se le salen los colmillos. Más allá es un vendedor de automóviles. Del otro lado un agente de bolsa enloquecido con el olor del azúcar. Los vampiros están listos. El látigo restalla en el aire. Luego no digan que no hubo aviso. Todo esto me recuerda la máxima crueldad que es doble en una relación sadomasoquista.

Masoquista: Pégame, te lo ruego.
Sadista: No.

Drácula aparte, el tema se las trae: ¿son "inmorales" las sanciones económicas de un Estado contra otro? ¿Era "inmoral" el bloqueo norteamericano contra Cuba? ¿Lo es el de medio mundo contra Sudáfrica y Rodesia? ¿Es legítimo el chantaje de Washington a Chile para forzar al gobierno de ese país a cumplir con los derechos humanos? ¿Fue correcta la gravísima retirada de la ayuda soviética a China al inicio de la disputa entre ambos Estados? Si el lector comienza a hacer discriminaciones y encuentra que unas veces —las veces que al lector le conviene— las sanciones están bien y las otras están mal, debo advertirle que según la lógica moderna es un tipo arbitrario y majadero.

Porque una de dos: o la sanción económica es un arma —como las nucleares y las bacteriológicas— que no debe usarse nunca y está mal que la empleen contra Castro o contra Pinochet; o la sanción económica es un arma perfectamente lícita y entonces corresponde a cada gobierno decidir si la utiliza. Lo demás es incoherencia. Ganas de incordiar.

20-1-77

ANGOLA O FIDEL DE LOS MONOS

I

Cuenta Juanita, la hermana exiliada, que Fidel Castro fue un niño devoto de Tarzán. Cuenta que en la inmensa finca que poseían en la provincia de Oriente, Fidel solía atar cuerdas a los árboles y saltaba dando gritos de Patria o Muerte. Yo lo creo. Todos los niños (blancos) aman el mito del Rey de la Selva. Tarzán fue el primer arquetipo de la muchachada de hace veinte, treinta y cuarenta años. Y Juana (la de Tarzán, no la de Fidel) encarnó el primer escalofrío erótico y la primera confusión moral.

Nunca se supo cómo y cuándo Tarzán y Juana contrajeron matrimonio. Todos los críos que alguna vez nos sentimos Tarzán le envidiábamos no sólo la pericia en destripar cocodrilos, sino a la costilla de marras, siempre en traje de baño, siempre desbordante de progesterona.

Luego, con los años, el mito se deshacía. Tarzán bordeaba la oligofrenia. No aprendió a hablar nunca. No aprendió a vestirse. Seguía encaramado en su liana en lugar de comprarse un Land-Rover. Un desastre total. Fracasó hasta como amante. En medio siglo de amancebamiento en la copa de un árbol sólo fue capaz de engendrar a *Boy*, un niño idiota aquejado de una deficiencia hormonal que le impedía crecer y víctima de una mala pata antológica. Desde que *Boy* comenzó a caminar su pobre padre no hizo otra cosa que rescatarlo.

Claro que fue Fidel el origen de estas bobas reflexiones. Fidel y su aventura africana, trasladando doce mil tarzanitos cubanos a bordo de lianas supersónicas. Se me ocurrió —¡qué tontería!— que Fidel ha podido realizar sus fantasías de la infancia. El hombre blanco omnipotente impone la justicia (marxista) a una banda de negros desharrapados.

Tarzán siempre ayudó a los nativos buenos contra los nativos malos. Este Tarzán dialéctico no hace otra cosa, aunque quién sabe si por la otra punta. En todo caso, lástima que el asunto no sea tan freudianamente encantador. Vamos a hablar en serio. Las consecuencias de la intervención son enormes.

Primero: Se alteran esencialmente las reglas de este capítulo de la guerra fría llamado *détente*. Uno de los dos bandos (URSS) cuenta con la ventaja decisiva de un ejército no encuadrado en el tablero militar (OTAN vs Pacto de Varsovia) capaz de arrollar a cualquier país del Tercer Mundo. No es presumible que desembarquen cubanos en Europa, pero Asia, Medio Oriente y América Latina están en la mirilla potencial de La Habana.

No hay razón alguna para suponer que Cuba no intervendría en cualquier país latinoamericano si es capaz de tener y mantener tropas en Siria, Angola o el Sahara español. Muchos cubanos murieron en Viet-Nam del Norte. Lo que parecía una ayuda a los vietnamitas era contemplado por Castro como un sangriento entrenamiento en la guerra moderna. ¿Cuántos cubanos sacrificaría La Habana en Colombia, Venezuela o Chile?

Segundo: La lógica brutal del párrafo anterior conducirá a una carrera armamentista en América Latina, especialmente en el área del Caribe. Cuba posee el único ejército latinoamericano fogueado en la guerra electrónica. El único que ha disparado miles de cohetes antiaéreos (Viet-Nam), el único que ha operado un centenar de tanques y artillería móvil en el desierto (frente Sirio). El único que ha lanzado al combate sus escuadrillas de Migs (Angola). El único con capacidad logística para aerotransportar veinte mil hombre en dos o tres semanas y mantenerlos combatiendo indefinidamente. Cuba es hoy una tremenda maquinaria bélica comparable a lo que fue Viet-Nam del Norte, pero infinitamente más agresiva. Es razonable temerle.

Tercero: ¿Cómo y cuándo se producirá la intervención cubana en Latinoamérica? Cuando un levantamiento militar acaudillado por procomunistas logre afianzarse temporalmente (¿República Dominicana? ¿Bolivia?). O si estallara una guerra entre Chile y Perú. No es un secreto que Castro le ha ofrecido aviación y tropas al Perú en caso de un enfrentamiento con Chile.

Cualquier zona de conflicto potencial (Honduras-El Salvador, Colombia-Venezuela, Venezuela-Guayana, Chile-Perú, Ecuador-Perú, Haití-República Dominicana, Guatemala-Belice) deberá tomar en cuenta la reacción posible de La Habana. Las potencias intervencionistas —aquí va Pero Grullo— no se caracterizan por su pasividad.

Cuarto: La diana inmediata de Castro es la América no latina. Jamaica, Guayana y Trinidad-Tobago. A los primeros Ministros de Jamaica y Guayana, Castro pretende seducirlos. Probablemente lo consiga. Ante una crisis económica difícilmente controlable dentro del marco capitalista, no es extraño que estos gobernantes, a espaldas del pueblo, opten por un socialismo teledirigido desde La Habana y financiado por Moscú.

Estos territorios pueden ser presas frágiles, puesto que no gravitan en la esfera de influencia norteamericana. Inglaterra está muy lejos, muy vieja y muy cansada para impedir hechos de esta naturaleza. La próxima baza soviética en América pudiera estar también en el Caribe. Si tal cosa ocurriera Don Enrique Kissinger debería probar con la gerencia de las hamburguesas Mac Donald. Tal vez se le dé mejor que el negocio en el que actualmente invierte su esfuerzo.

II

Son conocidas las consecuencias africanas de la intervención cubana en Angola: en una "blitzkrieg" tan sangrienta como efectiva los cubanos aplastaron al FLNA y a UNITA. El mazazo bélico, con tanques, rampas de cohetes, aviones y decenas de helicópteros, fue demasiado contundente para unos ejércitos que apenas dominaban la técnica de la guerrilla nómada. Ahora Fidel Castro prepara a sus tropas para encabezar el ataque a Namibia, luego a Rodesia y más tarde a Sudáfrica. Salvo presión soviética los cubanos llegaron a Angola para quedarse. Para quedarse en Africa. Es difícil, por otra parte, que la Unión Soviética rectifique.

El cono sur del continente africano es una de las más ricas parcelas del planeta. Hay petróleo, diamantes, oro y uranio, en cantidades insospechadas. Hay, además, una infraestructura técnica y humana de nivel europeo capaz de explotar eficazmente esas riquezas. ¿Qué presión norteamericana podría obligar a los soviéticos a soltar semejante pieza? Por otra parte, el Congreso norteamericano no está dispuesto a correr el riesgo de otra guerra. Va convirtiéndose en artículo de fe entre los senadores y representantes yanquis el discutible razonamiento de que a los efectos del comercio internacional tanto monta un país capitalista como otro comunista.

El origen de esta hipótesis es sencillo: dado el enorme peso industrial y financiero de los gringos, las naciones, comunistas o no, tienen que comerciar con ellos. Y a veces es más fácil y más serio negociar con los comunistas que con ciertas repúblicas. (Por ejemplo para vender aviones a China comunista no es necesario sobornar a funcionario alguno).

Crece, además, entre los norteamericanos la peligrosa certidumbre de que aun solos, en un mundo rodeado totalmente por países comunistas, podrían sobrevivir indefinidamente. USA consume el noventa por ciento de lo que produce. Su vitalidad no proviene de explotar a los otros —como torpemente se dice— sino de explotarse a sí misma. El sistema podría perdurar aún como una isla dentro del comunismo, con sólo multiplicar el armamento atómico y la dirección en los "missiles".

Con esos truenos derrotistas no hay quien duerma tranquilo en el tinglado occidental. En el oriental, es evidente, en cambio, que crece la certeza en la victoria final. La Unión Soviética tiene las manos libres. Sólo tiene que soltar a sus bien entrenados mastines cubanos. A los nuevos "gurkhas", como les llamara Monihiyan, recordando a los feroces nepaleses que le peleaban las guerras imperiales a los ingleses.

¿Y Castro, que pone carne y cañón, qué gana en todo esto? Dos botines: el primero, la "gloria" de la triunfante aventura militar. Los que le han visto recientemente cuentan que vive momentos de frenesí, disfrutando hasta el éxtasis las noticias del "frente angolano". Constantemente aparecen en su teletipo partes en clave de la ya ganada guerra. A veces es mucha su curiosidad y utiliza el teléfono. A escala grotesca es Hitler burlando la línea Maginot. Es Hitler entrando en París. La misma euforia. El mismo brutal entusiasmo.

El otro botín es tangible: Cuba le pasará la cuenta a Angola en barriles de petróleo. Será una operación discreta, un pacto entre dos naciones fraternas del campo socialista, pero habrá que pagar. La Unión Soviética sabe de estas cosas. Alemania Oriental, Bulgaria, Checoslovaquia y los otros satélites, todavía están pagando los gastos de la "liberación". Angola, que es endemoniadamente rica, pagará. Y Cuba necesita que le paguen con petróleo. Los cubanos, pues, permanecerán en Africa. Dentro de un par de meses, a bombo y platillo, se retirarán ciertas unidades. Luego, secretamente, serán reemplazadas. La última parcela colonial del mundo es ese triángulo del sur africano. Allí sobrevive una sociedad racista incompatible con nuestra época. Es el reto a la medida de un "héroe-épico". Fidel Castro, encandilado con la Historia, quiere apostar esa carta a su inmortalidad. "Liberar" Namibia, Rhodesia, y luego Sudáfrica es la empresa que lo clavaría en la historia universal próximo a Darío, Napoleón o Bolívar. (Por cierto, cuando Castro era un conspirador clandestino, se buscó un seudónimo significativo: Alejandro). Pero es una empresa de un cuarto de siglo. Una peligrosísima aventura para llevarla a cabo desde la remota y empobrecida Cuba. Esa empresa puede costarle muy cara.

8-3-76

CUBA: UN NUEVO RUMBO

Me imagino la escena: Breznev, Gromiko, algún general ceñudo, algún comisario sañudo, Suslov, dos intérpretes, el salón rococó para-grandes-ocasiones, y Fidel, inefable, gesticulando con su habano y su apasionamiento. En Moscú terminó su periplo africano. Primero fue a Libia y a Argelia a buscar el espaldarazo de otros dos delirantes. Para intervenir en Africa hay que pasar primero por los minaretes de Boumedienne y de Gadafi. El Corán dice bien claro que Alá es Dios y Gadafi y Boumedienne sus profetas. Anthony Quinn es un impostor al servicio de la CIA.

Fidel quiere el beneplácito de los musulmanes de izquierda para su aventura africana. Sólo que hay algunas contradicciones: Etiopía, por ejemplo. Fidel-Moscú apoyan al gobierno central, de remotos antecedentes cristianos, frente a la rebelión de los secesionistas eritreos, gente que ora en dirección a la Meca.

Luego —hay otras escalas, lo sé, pero esto no es una crónica de viaje— fue a dar a Berlín. Alemania comunista es el único país del bloque socialista que ha ayudado con técnicos militares a la facción angolana de Agustín Neto. El puerto de Luanda, durante los días más difíciles de la guerra, estuvo operado por alemanes. La beligerancia de los alemanes se entiende: es el único país comunista que mantiene una deuda pendiente desde la Segunda Guerra: la conquista de la otra Alemania. Honecker también sueña con la reunificación, pero una reunificación bajo la hoz y el martillo. La "causa" del comunismo es algo mucho más vital para los comunistas alemanes que para sus colegas, digamos, checos.

Fidel, tras pactar, conspirar, apaciguar, prometer, ratificar, tras de poner a prueba su infinita capacidad de maniobra y todo su poder de seducción —el Senador McGovern le llama "ojos brujos"— llamó al Kremlin y parece que lo oyeron. (De sus pasos en Africa responda el Kremlin, no yo). No fue solamente a informar. Fue a formar conciencia. Fue a convencer. Sus legiones angolanas —el Escipión de Birán— serán la baza decisiva en la revolución africana que proyecta. Rusia y Alemania aportarán la cacharrería. Cuba los muertos.

La propia invasión al Congo es parte de la estrategia. No sólo se trata de derrotar a Mobutu, sino de impedir que las guerrillas de Holden Roberto y Jonás Savimbi continúen hostigando a las tropas cubanas.

Derrocar a Mobutu es cortar los suministros a las guerrillas. Por eso lanzaron a los katangueses de regreso al Congo: el objetivo es dejar las manos libres a los cubanos.

Para quienes no conocen a Fidel, para los cubanólogos de computadoras y cuadros estadísticos, la aventura africana es incomprensible. Para quienes lo conocen es perfectamente coherente. Fidel es la idea platónica del cruzado. Es un apóstol con una visión heroica de sí mismo y la profunda convicción en su destino mesiánico. Fidel no puede vivir sin una causa a la que entregarse ardientemente.

Mientras creyó en la posibilidad del fulminante desarrollo económico de Cuba se dedicó a esa empresa con todo su inmenso entusiasmo y su no menor incapacidad. Como es sabido, fracasó. Pero lejos de culpar a la increíble cadena de estupideces cometidas por su plana mayor durante casi veinte años de ignominia y bobería, ha tomado como chivo expiatorio a las "contradicciones del comercio-internacional-que-impiden-el-desarrollo-de-los-pueblos-del Tercer-Mundo". No habrá redención —está convencido— mientras no se realice la revolución a nivel planetario.

Lo que Fidel cree es vital para entender lo que Cuba hace. Fidel cree, en una primera fase, en la inevitabilidad del triunfo comunista en el Tercer Mundo, y luego en una guerra frontal que destruirá a los países capitalistas.

Fidel cree en la creciente debilidad de Europa y Estados Unidos. Cree en que no habrá soluciones económicas para el Tercer Mundo mientras la economía de las naciones no se planifique a escala terráquea dentro del modelo socialista. Y como Fidel cree en todo esto, ha mudado los objetivos de su país de "arquetipo de desarrollo" a "punta de lanza" de la revolución mundial.

De acuerdo con estas nuevas supersticiones el papel de Cuba ha cambiado radicalmente en el curso de los últimos tiempos. Los cubanólogos que no entendieron, hace unos meses, las razones de Fidel para asumir la Presidencia del país, la Secretaría General del Partido y la Jefatura de las Fuerzas Armadas, mientras contradictoriamente se hablaba de "institucionalizar" el Poder y liquidar el culto a la personalidad, ahí tienen una respuesta: Fidel ha puesto a Cuba al servicio de la revolución mundial. La ha puesto en pie de guerra y se ha situado al frente.

El objetivo no es ya el fracasado desarrollo económico del país, sino "hacer la revolución" y acelerar la liquidación del capitalismo y la sociedad liberal. Hasta entonces queda aplazada la panacea comunista. El futuro inmediato de los cubanos estará hecho de sangre, sufrimientos y carestía. El Gran Iluminado exige grandes sacrificios.   15-4-77

FIDEL, PINOCHET Y EL CANJE DE HUBERT MATOS

Fidel no canjeará a Hubert Matos. Los tiranos se logran plenamente cuando además de ser un perfil mil veces fotografiado se convierten en símbolos de abstracciones misteriosas: "la revolución", "la patria", "el heroísmo", "la lucha contra el imperialismo", y otros etcéteras delirantes. Fidel es todo eso. No es una persona de pellejo y hueso, sino un personaje de la historia que encarna papeles simbólicos. Es como un actor de autos de fe a lo dialéctico.

Y resulta que Hubert Matos —heroico comandante de la Sierra Maestra, hombre de antecedentes intachables— sin pretenderlo ha venido a encarnar el símbolo del anticastrismo. Pero no del anticastrismo corrompido en contubernios con la CIA o mezclado con dictadores de opereta, sino de un anticastrismo popular y nacionalista, liberal y respetable. Hubert es el anti-Fidel. El contra-símbolo. Por eso Castro no lo canjea.

Latinoamérica no sabe, o ha olvidado, quién fue Hubert Matos dentro de la revolución cubana. Hubert era un maestro de la provincia de Oriente, líder cívico local de la masonería y miembro de filas del Partido Ortodoxo, grupo político más o menos social-demócrata del que también formaba parte, en La Habana, un oscuro joven llamado Fidel Castro.

Después del golpe de Batista, convertido Fidel en jefe de las guerrillas en Oriente, en el peor momento de la lucha, Hubert Matos aterrizó en la Sierra Maestra con un cargamento de armas conseguidas por el presidente Figueres. Al poco tiempo Hubert era jefe de una columna guerrillera de las más importantes y arriesgadas y cuando Batista huyó, Matos era uno de los líderes de más prestigio en el Ejército Rebelde. Tal vez el quinto tras Fidel, Raúl, Camilo Cienfuegos y el Che Guevara. En consecuencia, Fidel le encomendó la jefatura de Camagüey, una de las seis provincias que tenía el país en 1959.

A fines de ese año, convencido Hubert del secreto propósito de desviar la revolución hacia el totalitarismo comunista, le escribió una carta a Fidel renunciando a su grado de comandante y solicitando se le permitiera regresar a su humilde empleo de maestro, puesto que ni quería entorpecer a la revolución, ni quería ser cómplice de una traición a los ideales originales de la lucha armada. La respuesta de Fidel fue brutal y desproporcionada.

Fidel acusó a Hubert y a sus oficiales de traición, sedición y de "inventar la calumnia de que la revolución se orientaba hacia el comunismo". La reacción de los cubanos fue notoria. Manolo Fernández, el Ministro de Trabajo, renunció en solidaridad con Hubert. Luego le siguió Manolo Ray, Ministro de Obras Públicas. La calle se llenó de protestas. La prensa, no maniatada del todo, se quejó amargamente. Las telefonistas contestaban diciendo: "Hubert Matos no es traidor". Hubo algaradas estudiantiles y algunos disturbios. Por primera vez Fidel se enfrentaba con un hombre que pese a estar aherrojado en una celda era capaz de retar su poder omnímodo.

En un juicio militar vergonzoso, Hubert y sus oficiales fueron condenados a veinte años de cárcel. Su Estado Mayor más tarde logró evadirse espectacularmente de la prisión de El Morro en un plan fraguado por Manuel Ray, pero Hubert Matos había sido aislado en una celda de máxima vigilancia dentro del presidio de Isla de Pinos. Como una nueva versión del Hombre de la Máscara de Hierro, nadie podía verlo o hablar con él. Castro quería evitarle todo contacto humano a su adversario.

Valga esta anécdota en apoyo del mágico poder de los símbolos: a mediados de la década de los sesenta, las cuatro circulares del presidio de Isla de Pinos hacinaban cerca de veinte mil prisioneros políticos de todos los colores y tendencias. Había batistianos, ex guerrilleros, "auténticos" y "ortodoxos". Con frecuencia coincidían, en la misma celda, torturador y torturado, delator y delatado. Los viejos odios se avivaban y con frecuencia estallaba la violencia y corría la sangre.

Una de esas tardes calurosas de mayor odio y tensión se supo (en las cárceles se sabe todo, nadie se explica cómo) que Hubert Matos, el prisionero aislado, iba a ser trasladado a otra celda, y que pasaría cerca de las circulares. Al cabo de un rato, vieron cómo un hombre esposado caminaba entre los guardias armados. Era Hubert Matos. En un instante se acabaron los odios y las rencillas. De veinte mil gargantas brotó el himno nacional y se dieron los rituales ¡Viva Cuba libre! con que los cubanos siempre se han lanzado a la lucha. Hombres endurecidos en la guerrilla y en el sabotaje lloraban emocionados. Los guardias quedaron sobrecogidos. Hubert Matos saludó dignamente con la cabeza y siguió hacia un extraño destino de símbolo patrio. Hoy Pinochet ha planteado canjearlo por un comunista que tiene injustamente preso. Hubert Matos tiene casi sesenta años. Está enfermo y ha perdido el movimiento de un brazo a consecuencia de una paliza brutal. Me temo que morirá en su celda. Fidel, que tiene todos los cañones, que tiene un ejército en Africa, que tiene todo el poder, le teme a la magia de los símbolos, y eso, en el fondo, es toda una lección contra la soberbia de los tiranos. Tener preso a Hubert Matos no es la prueba de su fortaleza, sino de su debilidad.

9-1-77

FIDEL CUSTER Y LA REINA DE SABA

Oculto se lo tenía: Fidel era el último rastafari del Caribe, y allá está, Moscú mediante, reverenciando los trajinados huesos de Hailie Selasie. Y hace bien: los lazos históricos entre Cuba y Etiopía pertenecen al extraño universo de las profecías bíblicas. Merecen reverencia. Es notorio que la más contundente demostración de sabiduría dada por Salomón consistió en acostar a la Reina de Saba sobre un camello en movimiento. La Reina de Saba era para los abisinios de entonces como el Coronel Mengistu para los de ahora, pero más clarita y con las caderas anchas, y Salomón se la llevó al río, aunque tenía marido. (Una vez Golda Meir le propuso a Selasie devolverle la visita y el emperador de Etiopía amenazó con la guerra).

Bueno, Salomón, como se sabe, tuvo a David de sucesor, y David, como también se sabe, le dio una pedrada a Goliat con el objeto de demostrar que era perfectamente posible instaurar una dictadura comunista a noventa millas de Estados Unidos. Por eso los serios teóricos del marxismo dicen que Fidel es como David, y Fidel, que se lo cree todo, se ha ido al cuerno de Africa con una honda de diez mil soldados y cuarenta Migs para seguir lapidando al Goliat somalí. ¿Están claros los históricos lazos entre Cuba y Etiopía? Ahora vamos al análisis.

Porque esa presencia cubana en aquel polvoriento rincón merece ciertas reflexiones. Recordemos, primero, la racionalización fidelista de la intervención en Angola: Angola había sido invadida por mercenarios blancos, y Cuba, que es afroamericana, corría a salvar a la madre patria putativa y recién descubierta con el séptimo de caballería de los criollos "voluntarios". Fidel Custer anda ahora por Etiopía, pero resulta que allí no hay mercenarios blancos, y puestos a la antropológica curiosidad de contrastar colores y calibrar narices, más melanina enluta la piel de los somalíes y más ñato es el señor Barre que su enemigo Mengistu. Pero además, ocurre que La Habana ni siquiera apoya a un estado progresista frente a la agresión de un país reaccionario, puesto que Somalia es más comunista y radical que su destripada vecina. Entonces ¿qué diablos hacen los cubanos en Ogaden? Simple, llana y dolorosamente: defienden los intereses soviéticos en la zona. No era una infamia del delegado americano en la ONU: los cubanos son los gurkhas de un nuevo imperio. Los fieros perros de las guerras coloniales, siempre con los colmillos listos, siempre dispuestos a tirarse al cuello de quien designe el amo.

Sin embargo, esto no quiere decir que Castro, contra su criterio, contra su voluntad, ha enviado las tropas a Ogaden. Castro *disfruta* su papel de gurkha. Eso que él llama "internacionalismo proletario" es sólo el nombre críptico del *napoleonismo fidelista*. Desde que este agraciado caballero tiene veinte años —y de esto han transcurrido tres décadas— no ha hecho otra cosa que planear conspiraciones y embarcarse en aventuras. Por estas fechas, hace treinta años, una Bogotá incendiada conoció la visita de un mozo exaltado que en la confusión del asesinato de Gaitán intentó sublevar un cuartel. Era Fidel. Fidel se ha pasado la vida tomando cuarteles, desembarcando granmas y bombardeando somalíes. Es la insurrección que no cesa. El 26 de julio como movimiento continuo. El conflicto elevado a categoría metafísica. Es la violencia revolucionaria como razón de ser del individuo y *última ratio* de la especie. Alguna gente teme que la Unión Soviética esté utilizando a Fidel Castro para cumplir sus designios imperiales. Yo temo que Fidel Castro está utilizando a la Unión Soviética para cumplir sus designios personales. Y esto es más grave, porque los designios personales de Fidel Castro son mucho más catastróficos que los designios imperiales de la Unión Soviética. Al fin y al cabo la Unión Soviética sólo quiere apoderarse del mundo, mientras que a Fidel Castro le gustaría incendiarlo.

¿Sabe el lector de estos papeles que una de las hipótesis que se discutieron en La Habana, durante la crisis de los cohetes, fue hacerse por la fuerza del armamento soviético y obligar a los rehenes a dispararlos?

El peligro no es que Moscú continúe utilizando los eficaces servicios mercenarios de Cuba, sino que Fidel Castro encone la voracidad imperial soviética hasta que las guerras "localizadas" se desmadren en un encontronazo mayor. No es ningún juego el que alemanes, checos, búlgaros y polacos presten su apoyo a la carne de cañón aportada por Cuba y mandada por el General Petrov. Esa cooperación internacional de los países del pacto de Varsovia, como rezan las medallas de los horteras, consiste en que hoy te agredo más que ayer pero menos que mañana. La injerencia fue menor en Angola que en Etiopía, y probablemente será mínima comparada con la que se avecina para el Cono Sur de Africa. La complejidad de las operaciones militares colectivas aumenta. Aumenta la audacia y el desenfado de las intervenciones. Todo eso alienta el estallido de una guerra mundial. Fidel Custer sólo sabe avanzar. Sólo sabe y quiere pelear. La Unión Soviética, del brazo irresponsable de este Príncipe Valiente de los comics leninistas está metiéndose en conflictos cada vez más graves. Es Castro quien perfila la política soviética en Africa con su obsequiosa oferta de contingentes mercenarios. A ver si a la postre, como en la epopeya de su pariente Custer, acabamos todos muriendo con las botas puestas.

21-3-78

OGADEN: LOS MOTIVOS DE CASTRO

Esta vez quiero escribir en serio. Hace poco abordé el mismo tema y creo que se me escapó la mano del humor. Un lector —o sea, el veinte por ciento de mi respetable— se tomó la molestia de escribirme para decirme que se había-reído-mucho-con-mi-artículo "Fidel Custer y la reina de Saba". (No seas bruto, bordeaba la tragedia). Vuelvo, pues, al tema.

¿Qué diablos hacen doce mil cubanos en Etiopía? ¿Qué buscan en la guerra contra Somalia, primero, y luego contra Eritrea? ¿Por qué defienden la arbitraria frontera que trazó Inglaterra al descolonizar el territorio? ¿Por qué lanzan el peso de su bien adiestrado ejército en contra de un pueblo atrasado y empobrecido como el somalí? ¿Qué gana Cuba participando en estos conflictos?

Las explicaciones que Fidel ha dado no son convincentes. Somalia no es un país respaldado por potencias occidentales. No es tampoco una nación títere de los poderes coloniales. Sus aspiraciones pueden ser discutibles, pero no son descabelladas. A fin de cuentas kurdos, armenios o palestinos también aspiran a reunir bajo la misma patria y territorio a todos los connacionales. El Ogaden, geográfica y geológicamente es una continuación del territorio somalí y sus habitantes están más cerca de Mogadiscio que de

Addis Abeba. ¿Por qué —insisto— Castro acudió a arrasarlos a sangre y fuego? La respuesta es, sin duda, ésta: defender los intereses y la postura soviética. La Unión Soviética se está apoderando de Africa, y en ese proyecto imperial más, mucho más, pesa Etiopía que Somalia. Pero la pregunta sigue vigente: ¿qué gana Cuba sirviendo los intereses soviéticos en la zona?

Rusia no puede obligar a La Habana a lanzar doce mil hombres en Etiopía, de la misma manera que no obliga a los húngaros, checos, polacos, búlgaros o alemanes. La ayuda de los países satélites a estas aventuras imperiales no pasa de ser meramente simbólica. La carne y cañón la ponen los cubanos ¿por qué? En primer término hay una consideración racista. Para pelear entre y con los negros mejor sirven los oscuros cubanos. Según el "fact-book" de la CIA el 61 % de los cubanos son negros o mulatos, el 38 % blanco y el 1 % chino. La injerencia cubana en Africa es menos patente. La piel cubana es un buen camuflaje social.

Pero si la melanina explica la idoneidad de los cubanos para matar africanos no explica, en cambio, los objetivos de Cuba. Sus logros. Me permito resumirlos: *satisfacer las urgencias napoleónicas del infatigable guerrero Fidel Castro*. Hace muchos años que insisto en que es absolutamente imposible entender el curso de la revolución cubana si olvidamos la naturaleza, la sicología, la complejísima personalidad de Fidel Castro. Los cubanólogos suelen olvidar el "factor Fidel" a la hora de hacer sus cómputos políticos. Fidel ordena y manda en ese país, sin apenas contar con nadie, y Fidel padece de un crónico y delirante napoleonismo. Es absolutamente incapaz de compartir el poder, entre otras cosas porque no se le ocurre que pueda haber sobre la tierra un ser humano mejor dotado. Fidel aspira a clavarse en la historia no como el simple jefe de los cubanos, sino como factor mundial de poder. Hasta hoy ha intentado todo lo que ha podido: guerrillas, atentados personales, conspiraciones militares, tricontinentales... Ahora emplea sus ejércitos porque la Unión Soviética le confiere cierta impunidad. Entiéndase que Castro no es un peón de la Unión Soviética. Tal vez Cuba sea un peón, pero desde la perspectiva de Fidel, desde la perspectiva de sus objetivos personales, es la Unión Soviética la que le sirve. Rusia es su satélite emocional.

Fidel ha logrado el sueño dorado de los napoleones que por ahí andan sueltos: una nación poderosa que paga y arma su ejército. Una cortina nuclear que le protege frente a cualquier represalia. Una época en que el cansado adversario no es capaz de devolver golpe a golpe. Ni en sus más delirantes fantasías los napoleones de turno se han imaginado una mejor situación para llevar a cabo sus designios personales.

Frente a este señor no hay otro camino que la fuerza. Si se quiere que los ejércitos cubanos regresen a Cuba, jueguen las naciones interesadas la carta de amenazar la revolución. Si se quiere que Fidel no actúe con impunidad y creciente peligrosidad, devuélvasele la agresión. Hay muchos países en la mirilla cubana: Rodesia, Sudáfrica, Israel. Son muchos los intereses lesionados por Cuba y muy grande el peligro de que el noveno ejército del mundo, segundo de América, actúe sin contención. Mientras no se le dé un fuerte escarmiento, Napoleón seguirá actuando. La pantera rosa atacará de nuevo.

21-4-78

PUERTO RICO Y LOS EXILIADOS CUBANOS

Voy a hablar de una vieja historia. Extrañamente nos sentiremos mejor al darnos cuenta de que representamos un drama antiguo. Lo contrario —el debut— siempre causa desazón. Iniciar algo es participar de la soledad. Repetirlo, en alguna medida, es coincidir. Es no estar solo.

Vamos a los hechos: de un aletazo, en cerca de una década, un millón de cubanos o fueron obligados al destierro o abandonaron Cuba por decisión propia. Salvemos la argumentación en pro o en contra de una escurridiza metáfora inglesa: la "naturaleza de las cosas" echó a rodar fuera de su vivero natural, a un número enorme de especímenes.

Primero identifiquemos el drama: en un lugar X —puede llamarse Israel, Paraguay, la Francia de los Hugonotes, los Balcanes o Cuba—, un grupo sustancial optó por el destierro. No trato de hacer comparaciones que, además de estériles, son históricamente falaces. Cada destierro, en lo nacional, se debe a unas causas propias, particulares, difícilmente intercambiables con otras parecidas. En lo personal, cada desterrado trae en su flaca valija un mundo de complejidades irreducibles a esquemas. Sin embargo, el hecho se repite a lo largo de la historia: hay unos vencedores que le echan la llave a la casa y unos vencidos que se largan a descubrir la nostalgia. Por ahí, además de los cubanos, andan pueblos enteros con las raíces por fuera. España, entre exiliados y emigrantes, tiene una décima parte de su población en el extranjero. Los paraguayos —ese pueblo sufrido, heroico y olvidado por todos— suman medio millón en Buenos Aires; los puertorriqueños —exiliados económicos— pasan del millón en New York; los palestinos constituyen una nación que sueña con "estar de paso" en Jordania o el Líbano. ¿Para qué recordar más escenarios? Ya lo he dicho: es un viejo y repetido drama. Tan viejo y tan repetido que a los espectadores, fatigados desde sus palcos, poco les importa el asunto.

¿CUANTOS?

Ahora toca una reflexión en cuanto al número: más o menos se trata de un millón de cubanos, fabulosa cantidad que, como primordial requisito, exige que abandonemos, para hablar seriamente, los facilones esquemas de caracterización. Cada vez más los sociólogos, etnólogos y demás especialistas en la criatura humana, se resisten a hablar de "el alemán" (¿cuál, Goethe o Hitler?); "el judío" (¿cuál, Jesús o Judas?); "el ruso" (¿cuál, Lenin o Alejandro?), o "el cubano" (¿cuál, Castro o Hubert Matos?). En realidad estas simplificaciones sólo nos sirven para reforzar nuestros prejuicios. Si queremos hablar del genio alemán le echamos el guante a Kant; si nos interesa probar la brutalidad bastará con citar a Borman. No obstante lo evidente que resulta este aserto, existen cubanos, alemanes o españoles. Es decir, hay rasgos que tipifican a los pueblos y que autorizan a cierta clase de generalizaciones. Estas generalizaciones no pueden ser dadas sobre el "ser cubano", sino sobre el "hacer cubano", el "hacer alemán" o el "hacer puertorriqueño". Para que el idioma no nos traicione, hay que reemplazar el verbo ser por hacer. Los pueblos *hacen*, no *son*. *Hacer*, claro, es una inevitable condena impuesta por la cultura. El hombre sólo existe en la cultura y existir en la cultura no es otra cosa que un *hacer* específico, o mejor aún, un fluyente *ir haciendo*.

Como consecuencia de todo esto, nos enfrentamos con una rotunda perogrullada: un millón de cubanos o de chinos no son más que un millón de cubanos o de chinos. Una mera cifra convencional y hueca, ayuntada a un mero y borroso lugar de origen. El resto del aparato caracterizador es sólo un fraudulento mecanismo ensamblado a base de prejuicios, con que se sustituye el difícil y discriminatorio ejercicio de la razón.

Pero yo he venido a hablar de una cosa muy concreta: el impacto de esa emigración cubana en Puerto Rico. Bien, de ese millón de cubanos —voy a hablar en números redondos— unos 25.000 se han trasladado a Puerto Rico. De manera que constituyen el 2,5 % de la emigración. Dado que Puerto Rico tiene unos dos y medio millones de habitantes, los cubanos forman el 1 % de la población puertorriqueña. Las cifras, con su objetividad casi desdeñosa, comienzan a hacer sospechoso el tema de este trabajo: ¿qué impacto puede tener en una nación el 1 % de su población? En realidad poco, y, según veremos, de signo contrario al que generalmente se le atribuye.

Vamos a desmenuzar la cifra un poco más: de esos 25.000 cubanos, dos terceras partes la constituyen niños y ancianos. Los niños *no son* (no hacen de) cubanos. Aunque nacieron en Cuba, inexorablemente se incrustarán en la patria puertorriqueña. Serán irrecusablemente molidos y disueltos en la masa boricua. Los ancianos, además del carácter pasivo a que les condena la biología, dejarán pronto *de ser* (de hacer de) cubanos. De manera que todo se reduce a ocho o diez mil cubanos en activo, vivos y coleando, en el país ajeno. Respondida la pregunta *cuántos,* queda por dilucidar *quiénes.*

¿QUIENES?

Puerto Rico —lo dicen todos los manuales de economía— es la zona directamente adscrita a la economía norteamericana donde los salarios son más bajos, y la "mano de obra urbana no calificada" más abundante y las oportunidades de hacer fortuna más propicias. De manera que es un excelente coto de caza para los comerciantes, financieros, fabricantes, y demás componentes del equipo capitalista. Por el contrario, visto con la pupila proletaria, Puerto Rico no puede competir con los Estados Unidos. (De ahí el millón y medio de "exiliados económicos" puertorriqueños.) Desde el punto de vista económico, como toda zona donde abunde la mano de obra barata, Puerto Rico es un sitio fértil para el capital y poco adecuado para el trabajador. Esta relación económica va a determinar el tipo de emigrante cubano que llega a Puerto Rico. Recordemos que el que emigra a Puerto Rico —me refiero al cubano— lo hace voluntariamente, ya que el sitio de entrada es Miami. Los cubanos llegan a Miami y allí deciden quedarse o emigrar. Los que emigran a Puerto Rico conocen perfectamente estas generalidades sobre la economía boricua y actúan precisamente por ellas. Los millares de cortadores de caña, los pescadores, los obreros no diestros, saben que nada tienen que ir a buscar a Puerto Rico. De manera que entre esos ocho o diez mil cubanos *activos* —hemos clasificado a niños y ancianos como *pasivos*— habría que distinguir un segmento grande, numéricamente el más significativo, que va en pos de desarrollar actividades propias de la pequeña empresa capitalista. Generalmente se trata de personas que poseían empresas similares en Cuba y que, si no cuentan con los recursos económicos suficientes, cuentan con eso que los norteamericanos llaman el *"know how"* y con la audacia que caracteriza a todas las emigraciones. También es frecuente el enérgico capitán de industrias y los que viven hechizados por el mito del "negocio propio" o "ser su propio jefe".

El segundo segmento de la emigración cubana lo constituyen los profesionales. Es decir, personas con unos conocimientos determinados que, generalmente debido al desconocimiento del inglés, se trasladan a Puerto Rico con el objeto de ejercer sus profesiones. En realidad, como ocurre en casi todos los países, existe una legislación que dificulta el ejercicio de los extranjeros al exigir requisitos de reválida, ciudadanía, etc. Sin embargo, es frecuente que estos profesionales trabajen para el gobierno en puestos nada envidiados por sus colegas boricuas, como es el caso de los 150 médicos cubanos que trabajan en el interior de la Isla; o se amparen en bufetes, consultorios y oficinas de profesionales puertorriqueños que tienen la debida licencia para el ejercicio de la carrera. En las Universidades, donde la ciudadanía norteamericana no es un requisito, es frecuente encontrar un buen grupo de profesores cubanos.

El tercer segmento habría que localizarlo entre los obreros diestros, los artesanos, la legión de vendedores a comisión, y algunos técnicos. En la emigración, lógicamente hay su porcentaje de delincuencia, pero hasta ahora se mantiene más bajo que el propio nivel insular y, en términos de los Estados Unidos, los cubanos arrojan el menor índice de delincuencia de todas las minorías nacionales. Entre los delitos graves cometidos por cubanos, ninguno más reprobable que los vinculados al tráfico de estupefacientes, especialmente cocaína. También, con más alharaca que importancia, de cuando en vez, en las redadas dirigidas contra la prostitución, entre las dominicanas, puertorriqueñas, argentinas y colombianas, van a dar a la cárcel unas cuantas cubanas. La prostitución, no así el consumo de drogas, no es en realidad un serio problema de la sociedad puertorriqueña.

Antes de terminar esta vivisección de los sectores económicos en que se articula la emigración cubana en Puerto Rico, conviene mencionar un reducidísimo grupo que acaso aporte la única modificación identificable al panorama puertorriqueño, me refiero al brillante grupo de artistas plásticos que se ha avecindado en la Isla. Luego veremos esto.

LA IRRITACION

A pesar de la escasa importancia que, por lo dicho, parecen tener los cubanos, ocurre un hecho innegable: esos ocho o diez mil extranjeros son un foco constante de irritación para un creciente grupo de puertorriqueños. El origen de esta irritación es absolutamente claro: *son extraños*. Gente que trae su peculiar forma de hablar, su historia personal, su modo de gesticular, su tono de voz —en casos extremos—, su manera de ataviarse (joyas, gafas oscuras), su *ritornello* anticomunista, sus lacrimosas historias de fortunas confiscadas, y en fin, todo el aparato externo que tipifica al cubano. Claro, el cubano que hoy conocen los puertorriqueños es el de las zonas urbanas —generalmente de La Habana, de donde procede el grueso de la emigración— y además, instalado desde siempre en los sectores económicos medio y alto de Cuba, primero, y ahora de Puerto Rico. Es necesario un breve paréntesis: Cuba tenía una proporción de raza negra o mestiza que ascendía al 50 % del total, aunque en los censos oficiales sólo alcanzaba el 30%. Pues bien, como existía una correlación estrecha entre factores los económicos y los étnicos —a más melanina menos ingresos—, de donde resultaba que los negros y mulatos, a *grosso modo*, ocupaban los sectores más bajos de la economía, y los blancos los más altos, la casi totalidad de la emigración cubana en Puerto Rico —que ya sabemos originariamente adscrita a los sectores medio y alto— pertenece también, en un rápido análisis, a la raza blanca.

En Puerto Rico hay dos adjetivos despectivos, consagrados por el uso popular, que son: *blanquito* y *riquito*, y no es raro que a la misma persona le queden a la medida los dos adjetivos. Pues bien, los cubanos son, además de conscientemente identificados como extraños, inconscientemente equiparados a los *"blanquitos"* y *"riquitos"*. (Dicho sea de paso, en ese par de diminutivos hay toda una denuncia contra la oligarquía de otros tiempos. Pocas veces se logra tan lacónica precisión en el lenguaje). No hay duda que ese factor caldea aún más la fricción.

Pero hay otros hechos que explican la hostilidad reinante. Veamos: esos ocho o diez mil cubanos viven concentrados en San Juan. Me atrevería a asegurar que de la población total, activa y pasiva, de veinticinco mil, las tres cuartas partes viven en San Juan. Es decir, ese 0,3 % de la población de Puerto Rico constituido por cubanos activos, no se diluye en la población total, sino que vive coagulado en San Juan, y dentro del sector económico de mejor destino. *El pequeño número es magnificado por su ubicación económica*. Ocho mil cubanos dedicados al comercio en la capital son inevitablemente ostensibles (y, sobre todo, muy audibles). De manera que si hubiera —que no lo hay— un "problema cubano" en Puerto Rico, sería en realidad un problema de San Juan, y que afectaría preferentemente a algunos sectores comerciales.

Por lo visto, hasta ahora, concurren tres circunstancias a perfilar la hostilidad hacia los cubanos: *son extraños, parecen "blanquitos", y la concentración del grupo, por un fenómeno óptico, hace que el número se multiplique.* Este espejismo va a dictar una falacia: *"los cubanos están desplazando a los puertorriqueños".* Esto es falso en números grandes, aunque en casos aislados pueda resultar cierto. Dedicándose, como se dedican, al comercio, a las ventas de bienes de consumo o la prestación de servicios en empresas propias, esos ocho o diez mil cubanos, en términos generales, crean muchos más puestos de trabajo que los que ocupan. El desempleo en Puerto Rico —que alcanza hasta el 20 % de la población— no afecta a los sectores profesionales y empresariales sino a los ayunos de oficio y beneficio, a los obreros no diestros y a los de escasa educación. Si mañana llegaran diez mil maestros a Puerto Rico, lejos de agravar el desempleo estarían resolviéndole un agudo problema al Departamento de Instrucción. Si en lugar de 150 médicos cubanos, hubiera doscientos laborando en las zonas rurales, la medicina llegaría a un mayor número de puertorriqueños desvalidos. Esto ocurre con los comerciantes cubanos, con los comisionistas, con la legión de vendedores. La economía capitalista del siglo XX no es un habitáculo estrecho que excluya a unos para dar cabida a otros, sino descansa en su propia y cuasi infinita elasticidad. Más que desplazar a los nativos, los cubanos, como regla general, se buscan su propia plaza, la fabrican, la inventan, y la incorporan a la economía puertorriqueña enrolando en el camino a una parte de la fuerza laboral nativa. Sin duda la economía puertorriqueña no necesita el aporte cubano, pero no está de más, no sobra.

Y ahora, al anotar los factores que avivan la hostilidad, tocamos tierra en uno muy espinoso: el político.

Los grupos independentistas, con muy pocas excepciones, han convertido a la emigración cubana —no así a la dominicana— en mingo útil en las campañas políticas, que en Puerto Rico, claro, duran todo el año. En las elecciones pasadas, durante un mitin del PIP, un líder de esa colectividad, llegó a gritar, entre vehemente y teatral, *que si fuera necesario cogerían los fusiles para expulsar a los cubanos.* El MPI, de declarada vocación castrista, se dedica sistemáticamente a denostar, desde su semanario, a los emigrantes cubanos y a alentar la más burda —y antimarxista, dicho sea de paso— xenofobia.

La hostilidad de los grupos independentistas se basa en dos factores. El primero parte de un lamentable esquema de pensamiento: Castro encarna el antiyanquismo, ergo los anticastristas encarnan el proyanquismo, ergo los anticastristas son enemigos de la independencia. Lo que parece un silogismo no es más que una tontería. Los anticastristas no son ni más ni menos antiimperialistas que los propios puertorriqueños de los sectores sociales medios. Si el noventa y cinco por ciento del electorado puertorriqueño hoy no elige la independencia, ¿por qué esperar de los extranjeros una conducta distinta? Por lo demás, la afiliación de los cubanos está dada —en la mayor parte de los casos— dentro de los cánones normales de Puerto Rico: una inmensa mayoría quiere la asociación permanente con los Estados Unidos, ya sea autonomía o estadidad, y un grupo reducido de artistas, estudiantes e intelectuales, simpatiza con la independencia. El esquema es, básicamente, similar al nacional.

Es interesante conocer un detalle: la imagen de Puerto Rico que tenían los cubanos —me refiero a todos, los de derecha, centro o izquierda— coincidía con la de los independentistas. Albizu Campos era una figura querida y conocida en Cuba. Los exiliados nacionalistas eran respetados y admirados. La prensa siempre se hizo eco de la versión independentista. De manera que los cubanos exiliados de hoy llegaron con una imagen favorable de la postura independentista, que se rompió al encontrar una agresiva hostilidad por parte de los grupos de esa tendencia.

Es cierto que, en líneas generales, las ideas políticas de la emigración cubana pueden ser calificadas como conservadoras o reaccionarias (aunque también reside en la Isla un núcleo importante de exiliados que se reconocen dentro de la esfera de la izquierda democrática), pero ¿se diferencian sustancialmente de las de la inmensa mayoría del pueblo puertorriqueño? ¿Son más reaccionarias que las de algunos grupos independentistas de la ultra derecha? Creemos que no.

Uno de los argumentos anticubanos esgrimidos por ciertos líderes independentistas —además del consabido *"desplazamiento de la mano de obra nativa"*— apareció hace unos años en la Revista de Ciencias Sociales de la Universidad de Puerto Rico bajo la firma del señor Maldonado Denis. Según Maldonado Denis, los cubanos, por su conservadurismo y su yankofilia, constituían un elemento retardatorio de la Independencia. Entre otras razones, aducía este señor, Puerto Rico no había obtenido su independencia oportunamente porque se constituyó en una especie de último reducto de los conservadores colonialistas que se iban retirando del continente en la medida que las fuerzas revolucionarias triunfaban. La emigración cubana de hoy repetía un episodio del siglo XIX y constituía un freno en el avance del ideal independentista".

Más que teoría, el señor Maldonado fabricó una coartada para escamotear un hecho a todas luces evidente: el secular fracaso del pregón de reclutamiento independentista. Pensar que 25.000 cubanos van a torcer el curso de dos millones y medio de puertorriqueños es respetar muy poco al boricua y valorar exageradamente al cubano. Lo único que pueden hacer los cubanos, lo único que han hecho, es insertarse en unas estructuras políticas dadas —las tradicionales de Puerto Rico— y distribuirse más o menos en las proporciones en que lo hacen los propios puertorriqueños. Los cubanos, claro, no son responsables de que el noventa y cinco por ciento de los puertorriqueños opte, cada cuatro años, por ratificar su peculiar fisonomía política.

Sin embargo, un análisis más serio que el que hace el señor Maldonado arroja una conclusión contraria: los cubanos, como todos los grupos de la pequeña burguesía insular dedicados al comercio, constituyen una valla —débil, pero valla a fin de cuentas— frente a la penetración del imperialismo económico norteamericano. Expliquemos esto: Puerto Rico no está en peligro de perder su identidad cultural como se dice constantemente, pero sí ha perdido prácticamente todo el control sobre su economía industrial. Casi la totalidad de la industria puertorriqueña está formada por plantas satélites que tienen sus matrices en Estados Unidos. Los centros de decisión están en los Estados Unidos. El imperialismo económico no es otra cosa que el desbordamiento de capital de una nación poderosa hacia otra, más débil y la consecuente formación de unos lazos económicos supranacionales que sitúan el control de la producción fuera de los mecanismos nacionales. No es éste el lugar para justificar, explicar, paliar o condenar la situación que existe en la Isla. Si Puerto Rico no tenía otra alternativa, o si la tenía, no es el tema que me ocupa ni a estas alturas creo que vale la pena debatirlo. El hecho está ahí: Puerto Rico —Muñoz, Fomento, ahora Ferré— se jugó a fondo la carta de utilizar el fenómeno económico del imperialismo para terminar con el hambre y el desempleo. En la ecuación renunció al control de un amplio sector de la economía.

Pero mientras los grandes centros industriales y financieros se extendían hasta Puerto Rico, el comercio y la pequeña burguesía se constituían en los últimos grupos nacionales con algún control sobre un sector de la economía. Cuando el poder aglutinante del gran capitalismo, cuyo músculo más robusto tira hacia la centralización monopolizadora, barra con la pequeña burguesía —si esto llegara a ocurrir—, Puerto Rico habría perdido todo control sobre su destino económico.

Con esto quiero decir que el grupo cubano, casi por instinto de conservación, inconscientemente, funciona dentro de un equipo que, por definición, se opone al imperialismo económico de los Estados Unidos. No me refiero, por supuesto, al antiimperialismo gritón, superficial y desmelenado a que nos tienen acostumbrados ciertos movimientos que silencian las matanzas de Hungría o Praga y ponen los ojos en blanco frente a las de Viet-Nam, sino al de los sectores económicos que se juegan su supervivencia. El comerciante, el industrial pequeño o grande, pero cuyo negocio no está umbilicalmente ligado a New York o Chicago, debe ser el primer interesado en que la penetración económica en los Estados Unidos no trascienda del nivel industrial. Serían barridos.

Hemos anotado lo que separa a boricuas y cubanos. Pasemos revista a lo que unifica.

FACTORES POSITIVOS

La integración de la comunidad cubana en Puerto Rico es menos dolorosa de lo que parece. No existiendo obstáculos de lengua, raza o religión, la simbiosis transcurre sin grandes obstáculos. Los cubanos no han constituido *ghetto,* no viven en zonas diferentes a las de los sectores medios puertorriqueños, no han creado estructuras políticas, no mandan sus hijos a escuelas especiales, la delincuencia se mantiene como un fenómeno de hechos aislados, sin integrar "mafias", la exogamia es una práctica frecuente, casi la regla, y poco a poco la comunidad cubana se va diluyendo en la cultura puertorriqueña. La influencia que los cubanos tendrán en la historia de Puerto Rico será mínima y adjetiva. Lo sustantivo, lo puertorriqueño, con un entorno preciso y con unos problemas claves, sigue y seguirá ahí. El aporte cubano, en un sentido o en otro, a pesar de la coartada del señor Maldonado, y a pesar de los delirios de algunos cubanos con espíritu de conquistadores, se limitará a aspectos aislados.

Mencionemos el más importante. Tal vez alguno piense que se trata de la veta fenicia de la emigración. No, por supuesto que no. Puerto Rico no le debe su progreso a los comerciantes cubanos. Eso es una mayúscula idiotez. Hubiera progresado más o menos lo mismo sin los cubanos. El progreso no consiste en inaugurar comercios, sino en que éstos puedan llenarse de consumidores. En la ecuación de la prosperidad el factor más importante es la capacidad de consumo.

Los cubanos tropezaron con una economía en pleno y brutal ascenso y sencillamente se beneficiaron de esta coyuntura. Pues bien, el más serio aporte de los cubanos está en las artes plásticas. En Puerto Rico hay media docena de estupendos artistas cubanos que han servido para estimular, remozar y mejorar la plástica puertorriqueña. Han sido agente catalítico, han inyectado vigor y estimulado la competencia. Esto es siempre dignificante y noble.

Cuando pasen los años y el "problema" de la emigración cubana sea un fantasma borroso, quedarán algunas estupendas esculturas y algunos cuadros hermosos. Para entonces las tonterías que hoy ocurren serán inexplicables.

24-2-73 Conferencia

¡OH, EL ANTICASTRISMO!

Parte I

A mí me parece muy bien que grupos de cubanos ilustres —católicos, francmasones, rotarios socialdemócratas, liberales, conservadores o de cualquier otro pelaje más o menos conocido o por conocer— exploren inéditas vías anticastristas. Digo esto por delante para subrayar que mi desconfianza por los procedimientos pacíficos "para-resolver-el-problema-de-Cuba" no se asienta en cuestiones de principios, sino en las flacas posibilidades que exhiben esos intentos. Qué duda cabe que sería excelente poner fin a nuestro reñidero civil con una incruenta transformación del régimen cubano que lo llevara del stalinismo vigente hasta unos aceptables niveles de convivencia democrática y prosperidad económica. Pero esos objetivos no son menos delirantes que los de las agrupaciones revolucionarias que se empeñan en derrotar al segundo ejército de América —y noveno del mundo— con desembarcos homeopáticos.

Todo esto viene a cuento por una noticia que me llega a través de un periódico costarricense y cuya veracidad no me consta: un grupo de cubanos destacados proyecta la fundación de un partido demócrata-cristiano que, en su momento, se trasladará a Cuba y hará oposición leal al castrismo, más o menos dentro del modelo chileno. Repito: no me consta la exactitud de la noticia y percibo, además, cierta incoherencia en la nómina de firmantes. Pero aunque sea una "viveza", una maniobra, un acto de patriotismo, o lo que fuere, no hay duda que un sector del anticastrismo, desilusionado con los fracasos insurreccionales, aspira a inaugurar nuevos métodos en la lucha por el Poder. Ya sé que con las mejores intenciones, pero luchan, como todos los grupos políticos que en el mundo han sido por lograr el ejercicio (constructivo) del Poder. Es decir: el objetivo de este equipo, y de todos los anticastristas que se animan al "diálogo" —enterradas las esperanzas en la insurrección— es reinsertarse en la vida política cubana, y constituir algo así como una oposición no beligerante que modere el extremismo del comunismo castrista, abra alguna forma de casa parlamentaria e inicie una "primavera cubana" en la que eventualmente germinen las "cien flores" de acuerdo con la cursilona metáfora de Mao.

Todo esto estaría muy bien si no perteneciera al dominio de la política-ficción, divertido género literario que arranca en *La República* de Platón y, por otra, culmina en la fundación de un partido de oposición en El Cobre. Las reflexiones que relegan a utopía los intentos de diálogo son las siguientes:

Primero: Fidel, Raúl y la camarilla que en Cuba ejerce el poder no muestran interés alguno en modificar la sustancia del régimen. Los exiliados que quieren "dialogar" parten del supuesto "liberal" de que los hombres que sustentan la estructura del régimen —o algunos de ellos— desean volver a alguna forma del estado burgués. Sería absurdo que tras quince años de esfuerzos totalitarios por aplastar la oposición el régimen propiciara su creación. Dentro del dogma comunista no caben partidos de oposición, libertad de expresión y todas las zarandajas que defendemos los despreciables pequeñoburgueses. ¿Qué es la "dictadura del proletariado" sino ese interregno —prorrogado *sine die*— para exterminar y borrar de la memoria de los hombres las aberraciones del estado burgués? Tras el sangriento y exitoso esfuerzo por liquidar esas prácticas en Cuba —léanse libertades formales, partidos políticos, división de poderes, fiscalización, etc.— ¿quién, dentro de la lógica comunista, espera una traición semejante y proporcional a la que se efectuó en 1959?

Segundo: La polémica cubana dentro de la estructura de poder —vieja guardia vs. castristas— se desarrolla fuera del ámbito ético. Allí no hay nadie preocupado porque estén conculcadas las libertades —eso sería pensar con cabeza de pequeñoburgués— o porque se persiga con saña a los enemigos, o porque se torture, extermine o fusile. Lo que allí está a debate es simplemente la eficacia económica del régimen o la idoneidad de ciertos funcionarios de una u otra tendencia. Se trata del fracaso de las cañas, las papas, las vacas o los tomates. Los procedimientos para fabricar el paraíso socialista son todos correctos si a la postre crecen los índices de producción y eso —la eficacia— será el único rasero que los comunistas —y los fascistas— acepten para enjuiciar la obra de gobierno.

Tercero: En quince años de uso y abuso del poder, el castrocomunismo ha generado su propia oposición, alejada, por supuesto, de los esquemas anticastristas pequeñoburgueses. Se trata del ex-Ministro que hoy gobierna una lechería, del ex-comandante (o sin ex) que fabrica chancletas de palo en Manatí; del ex-dirigente sindical que maneja un tractor en una guardarraya. Se trata de Llanusa, Ameijeiras, Escalante, Chaumont, Borrego y de un centenar de otros "neosiquitrillados" por el implacable curso revolucionario. Esta singular oposición se limita a criticar al régimen en privado y a pasear sin grandeza las huellas del rango escamoteado: La oposición consiste en hacer patente "que-ya-no-están-con-el-régimen", pero sin intentar modificarlo. El régimen, por su parte, a estas alturas puede permitirse el lujo de no fusilarlos en el acto. Este grado de "oposición" —ni un gramo más— no pone en peligro al castrismo.

Cuarto: Señalado lo anterior, se desprende una desoladora conclusión: el anticastrismo del exilio no cuenta como fuerza opositora en la medida en que deje de ser beligerante. Es casi un fenómeno físico: el exilio no opera en el sistema de fuerzas presente en Cuba. *Desde posiciones democrático-burguesas —democracia-cristiana, socialdemocracia, liberalismo, etc.— no hay posibilidad alguna de insertarse en el angosto juego dialéctico de la revolución cubana.* No hay vela, para nadie de nuestro mundillo, en el entierro organizado por el señor Castro. Individualmente es posible, a cuentagotas, regresar a Cuba. Lo hizo Vasconcelos y lo han hecho otros cubanos nostálgicos. Pero allí se va a morir en silencio, o a cortar caña, o a aprender las virtudes de la obediencia y la simulación, pero no a organizar oposiciones ni a cuestionar la naturaleza del régimen. Luego, la esperanza de abandonar el exilio, cuando éste se hunde en la trampa coexistencialista, es delirante. Es muy tarde, la nave hace aguas por todas partes, e irrevocablemente nos hundimos todos.

Quinto: En Cuba ningún comunista adoptaría el "modelo chileno". Comenzando porque el llamado "modelo chileno" no es otra cosa que la mayor y progresiva cantidad de dictadura que permita la situación chilena. Es Allende quien aspira a adoptar el modelo cubano, y hacia esas aguas navega tan rápidamente como le permiten los escollos burgueses del país. ¿Para qué Castro va a imitar a su colega chileno? ¿Para sacar el 10 por ciento de votos en unas elecciones y entregar el poder a la oposición? ¿No es infantil sostener tal hipótesis?

Sexto: Cuando Castro decida pactar con los yanquis —es él quien demora el inevitable encuentro— éstos no le exigirán una atenuación de su rigidez política, y mucho menos apadrinarán a grupo alguno de exiliados. El realismo nixo-kissingeriano consiste en no intentar cambiar a los enemigos y en negociar con ellos todo lo que sea posible sin pretender modificarlos. El castrismo podrá reconciliarse con el gobierno de USA sin vaciar las cárceles y sin instaurar libertades políticas. Tras el parto de los montes del "affaire Caamaño" ni siquiera exigirán a La Habana que deje de "exportar la revolución", pues los riesgos de esas aventuras son francamente mínimos.

Hay, en fin, decenas de razonamientos válidos para negar la viabilidad de la reconciliación. He apuntado los que me parecieron más urgentes. Queda, sin embargo, una cuestión flotando en el ambiente: si estos cubanos no creen en la virtualidad de la insurrección y acaban por dejar de creer en la posibilidad del diálogo, ¿qué camino les queda? Pues uno tan viejo como la humanidad: la derrota. Aceptar la derrota total y permanente, acomodar a ello sus objetivos vitales y disponerse, con toda dignidad, a enterrar los huesos en algún lugar del mundo donde tal cosa les sea permitida. Es una antigua y lamentable historia, pero siempre mejor que las lucubraciones demenciales. A fin de cuentas la derrota no es peor que el delirio.

Parte II

Cristianos y comunistas

El boletín del Instituto de Estudios Cubanos, ese valioso liceo de la *"intelligentsia"* de la emigración trae, en su edición 51-52 de julio-agosto de 1973 una breve nota firmada por el señor Juan Antonio Müller, a propósito del papel del cristianismo en la revolución cubana. Voy a resumirla: el señor Müller afirma que la creación de un partido político cristiano dentro de Cuba no sólo no se ajusta a la realidad política del país, sino que sería gratuita. Los cubanos que quieran actuar cristianamente, según el señor Müller, pueden hacerlo a través de los organismos que la revolución ha ido creando, la Federación de Mujeres Cubanas, la Unión de Jóvenes, etc., incluyendo al Partido Comunista. Para terminar, califica el rumor de la creación de ese fantasmal partido, como producto de la habitual demencia del exilio.

Olvidaba anotar que la nota de marras comienza clamando por "objetividad" en el análisis. Trataré de ser objetivo. Para ello cuento con una sustancial distancia del reñidero: por supuesto, no soy marxista y tampoco, por supuesto, cristiano. O visto por la otra punta, soy marxista y cristiano en la medida que todo hombre del siglo XX es eso y semita y grecolatino, y euclidiano, y platónico, y aristotélico, y cartesiano, y freudiano y cuanto ingrediente se ha sedimentado en la cultura de los bípedos que coincidimos por estas fechas. Pero creer en el marxismo o en el cristianismo, lo que se llama "creer", nunca me ha sido posible. Misterio de la Gracia y el escepticismo, a partes iguales.

Como primera providencia, por elemental honradez, me niego a tratar el tema desde un ángulo cristiano. Sería demasiado fácil hallar mil contradicciones "cristianas" a la afirmación del señor Müller de que es posible conciliar el castrocomunismo y el cristianismo. Para ello "Doctores tiene la Iglesia". Y por otra parte, los cristianos han sido secularmente hábiles en la fabricación de sutiles aparatos retóricos útiles a cualquier empresa. (A fin de cuentas el "bizantinismo" es una consecuencia de la teología cristiana). De manera que no pongo en duda las posibilidades "teóricas" que tiene el señor Müller de maridar las dos creencias. Esa bronca corresponde a la parroquia a que pertenezca el señor Müller.

Pero donde el matrimonio será declarado invariablemente nulo es en el mundillo marxista, y es lo que me interesa, pues, como al señor Müller, me molestan las quimeras de que se nutre nuestra fatigada emigración. Pese a sus reyertas, sus purgas y sus fragmentaciones, los comunistas se han mantenido universalmente unánimes en la repugnancia hacia cualquier concepción religiosa (trascendente) del hombre. Es probable —es frecuente— que un cristiano de izquierdas pueda moldear sus puntos de vista hasta el extremo de coincidir con el comunismo, pero es absurdo suponer que hallará reciprocidad en los marxistas. No puedo imaginarme las concesiones cristianas que esté dispuesto a hacer el señor Müller, pero me temo que los comunistas sólo se limitarán a tolerar de mala gana las prácticas rituales de la secta. Al señor Müller no puede ocultársele que el marxismo no es una teoría económica o una fórmula de gobierno —cuestiones, si se quiere, adjetivas— sino una *Summa Theologica,* una rotunda y excluyente concepción del Hombre y de su lugar en el cosmos, con su inevitable Jerarquía de Valores, sus Libros Sagrados, sus Dogmas, sus Métodos de Razonamiento y cuanto elemento se necesita para postular una Verdad Eterna y Universal. (Todo inundado de mayúsculas delirantes).

Así las cosas, un comunista consecuente con sus creencias no puede menos que burlarse del cristiano que con él colabora. Para un marxista todos los creyentes —los santeros, los brujeros, los ñáñigos, los luteranos, los adventistas, los mahometanos, etc.— son prisioneros de raros atavismos y supervivientes de la prehistoria irracional del hombre. Además, en un plano filosófico, el hecho de que los cristianos crean en la trascendencia del hombre y en una estructura jerárquica presidida por Dios —esto es: en un orden de valores ajeno al marxismo— pone una infinita distancia entre el Partido Comunista y ellos. El marxismo no es antirreligioso por capricho sino por lógica elemental y por prudencia. No puede haber dos Religiones Verdaderas opuestas. Tras dos mil años de manipulaciones retóricas el cristianismo puede ser lo que se le ocurra a Torquemada, a Pascal, a Chardín o a Ottaviani, pero el marxismo es muy reciente (todavía) para ese grado de incoherencia.

De manera que los cristianos que se incorporen a la revolución cubana, en calidad de tales, serán, claro, utilizados, pero nunca integrados. Serán vistos como pobres diablos supersticiosos, pintorescos e inofensivos rezagos de la Cuba capitalista, e inevitable obstáculo en la transición hacia el comunismo.

Si los cristianos integran los Comités de Defensa (es curioso que entre los organismos de la revolución que cita el señor Müller olvidara los C.D.R., espina dorsal del sistema), si los cristianos integran los Comités, digo, y delatan a los contrarrevolucionarios, y ejercen la justicia aleatoria de los Tribunales Populares, y se callan frente a los abusos del gobierno, y obedecen en silencio la orden arbitraria, y aplauden la necedad, o ignoran el desproporcionado castigo a los adversarios, o al maltrato inhumano a los presos. Si esos jubilosos cristianos comunistas no sienten la monocorde tecla marxista como una ofensa a la inteligencia; o la universidad clasista —para la clase comunista— como un crimen contra la cultura. Si los cristianos como el señor

Müller están dispuestos a esas y otras abyecciones no hay duda de que la Revolución (con cautela) les abrirá los brazos. Porque lo que no le es dable a nadie en un proceso revolucionario como el cubano es mantener las manos limpias. No podrán los cristianos del señor Müller —dentro de la Revolución— dedicarse a la arcangélica tarea de enseñar a leer a los analfabetos, y desligarse de la responsabilidad de la opresión. Sería muy cómodo para los cristianocomunistas trabajar por la redención de los humildes cubanos —dentro de la revolución— absteniéndose de los rigores de la dictadura, de la ausencia de libertades formales, de los constantes atropellos contra el prójimo no comunista, pero esa privilegiada dicotomía no es posible dentro del sistema. Ser ángel es fácil, lo difícil es ser carnicero. Y allí —y en todas las revoluciones— hay que asumir ambos papeles.

¿Cree el señor Müller que los cristianos una vez dentro de la revolución —dentro hasta el cuello, hasta los paredones, los tribunales, la delación, el abuso, única forma de meterse— pueden modificar su rumbo? ¿Realmente cree que pueden evangelizar el proceso? ¿Cristianizarlo? Si no es esto lo que pretenden, ¿se trata sencillamente de colaborar con el *status quo* revolucionario? Si el propósito es cambiar la revolución desde dentro, acercándola a esquemas cristianos, debo decir que el señor Müller delira con los mismos desvaríos que los inventores del fantasmal partido cristiano. ¿Supone el señor Müller que el castrocomunismo puede realmente aceptar a un grupo que además de cristiano, se inhibe de los trabajos "sucios" que implica una revolución comunista y censura los aspectos negativos del proceso? ¡Qué poco entiende el señor Müller de la naturaleza de la revolución cubana! Pero, si nada sustancial quieren modificar estos cristianos y sólo aspiran a obedecer en silencio, sometiéndose a la evolución que dicten las genuinas fuerzas comunistas en sus encontronazos dialécticos, no dudo que los acepten aunque con cierta ojeriza. Más o menos la misma que tendría un cura al que los comunistas le pidieran colaborar en Misa. Sólo que entonces cabe preguntarse cuál es la diferencia, cuál el matiz, qué aportarían a la revolución. ¿Qué beneficios sacarán Cuba y los cubanos de la incorporación a la revolución de los cristianos? Para mí es notoriamente evidente que sólo aumentaría el censo de los opresores. Una ligera modificación cuantitativa.

28-8-73

CUBA, LOS DERECHOS HUMANOS Y JORGE DOMINGUEZ

En el número 101-102 de *Reunión* el profesor Domínguez anota dos sorprendentes observaciones que me permito resumir: *primero,* rechaza por "inútil e imprudente" cualquier definición de los Derechos Humanos, como la que aporta el gobierno de Carter, que excluya los derechos sociales y económicos en beneficio de los políticos y civiles. La definición de los D. H. concebida por Carter "le da más valor a la libertad de prensa (que al) derecho a comer" (sic). *Segundo,* Domínguez asegura que el gobierno de Cuba "actualmente satisface prácticamente todos los requisitos de un gobierno que cumple con aquellos valores que yo —Domínguez— considero más importantes dentro del esquema amplio que uso para estudiar los Derechos Humanos". Y luego equilibra el extraño hallazgo con una serie de lo que llama "problemas contemporáneos", como maltratos a los prisioneros, torturas sicológicas, condenas desproporcionadas, pero, al cabo, teme que "el nuevo volumen de la crítica" sobre la violación a los Derechos Humanos en Cuba pueda interrumpir o retardar los cambios beneficiosos que —según él— han estado ocurriendo en Cuba en los últimos años.

Me parece evidente que el profesor de Harvard ha caído en la trampa de suponer que el dudoso acatamiento de los "Derechos Sociales y Económicos" de alguna manera no explicada mitiga el incumplimiento de los "Civiles y Políticos". Y es curioso que Domínguez llegue a estas conclusiones cuando ese razonamiento ha sido definitivamente desacreditado no sólo por el pensamiento liberal, sino por una buena parte del pensamiento marxista: los eurocomunistas. Un preso político machacado es un preso político machacado en Praga, La Habana o Santiago de Chile, y no hay escuela, hospital o puesto de trabajo que le sirva de coartada. Y esto no lo digo yo, sino Berlinguer, Carrillo, Marchais más todo el pensamiento liberal de Occidente. Resulta paradójico que en medio de la desestalinización del marxismo occidental el liberalismo asuma los sofismas estalinistas.

Es probable que en las denuncias de Carter, Amnesty o la Comisión de Derechos Humanos de la OEA se ponga el acento sobre los Derechos Humanos "políticos y civiles", pero en modo alguno eso invalida la monstruosidad de las violaciones y la necesidad de que se corrijan. Con toda seguridad una denuncia norteamericana sobre la violación del "Derecho a Comer" (sic) de los chilenos no va a aumentar el régimen calórico de ese pueblo, pero esa misma denuncia sobre los Derechos Humanos "políticos y civiles" puede servir para desmantelar la DINA y vaciar las cárceles. Esas "inútiles e imprudentes" denuncias —entre otros factores— pueden conseguir el gobierno de la mayoría negra en Rodesia y la salvación de numerosas vidas.

Me sorprende, además, que el profesor Domínguez dé por válida y por valiosa la existencia en Cuba del vidrioso "Derecho al Trabajo", cuando lo que efectivamente existe es la *obligación* de trabajar, so pena de encarcelamiento, en el lugar que determine el Estado, por el tiempo que disponga y por el sueldo que unilateralmente fije. ¿Pudiera el profesor Domínguez explicarme, en la próxima entrega de *Reunión,* cómo diablos se le puede llamar "derecho" a esas relaciones laborales?

La segunda afirmación de Domínguez también me resulta pasmosamente ingenua. Decir que en Cuba se respetan los Derechos Humanos y luego dar una lista impresionante de horrorosas "excepciones" casi me parece una broma macabra. En Cuba hay tantas violaciones de los Derechos Humanos como necesita la dictadura para mantenerse en el poder. Si en el principio hubo más fusilamientos, abusos y maltratos fue porque en el principio la resistencia resultó más vigorosa. Esa trayectoria hacia el respeto a los Derechos Humanos que cree detectar el señor Domínguez está en relación directa con la obediencia, la sumisión y el fatalista acatamiento a un régimen que ha resultado implacable e inconmovible. No hacía falta diseñar una comcada *tabla - de - cumplimiento - de - los - Derechos - Humanos* —un dictadurómetro, supongo— para llegar a la fatigada conclusión de que las dictaduras ceden en su rigor con los años y con el afianzamiento. No era lo mismo Stalin en 1935 que en 1952, ni Franco en 1940 que en 1975, ni Pinochet en 1973 que en 1977, ni Fidel Castro, por supuesto, en 1961 que en 1977. Hay menos fusilamientos, cárceles y maltratos porque el pueblo cubano obedece callado y temeroso. ¿Para qué maltratar al que obedece? Sería estúpido, absurdo, que el régimen continuara hostigando a una población inerme y silenciosa. Esas "excepciones" que Domínguez llama "problemas contemporáneos" —la brutalidad de los guardias, la tortura sicológica, la condición inhumana de las prisiones— no son realmente "excepciones", sino vivas reminiscencias del trato que merece la oposición, claros y despiadados ejemplos de cómo enfrenta el régimen a los que no se someten. Si hoy las violaciones a los Derechos Humanos son menos, es porque la oposición ha sido diezmada. Estoy convencido de que si el profesor Domínguez aplicara su *tabla-para-medir-respeto-a-los-Derechos-Humanos* a la sociedad dominicana de 1961 encontraría un régimen seráfico, tranquilo, con elecciones y tribunales, y con sólo algunos crímenes excepcionales. ¿Valida la sumisión dominicana de 1961 la intrínseca barbarie del trujillismo? En Cuba, dentro de diez o veinte años, cuando hayan muerto los últimos presidiarios, cuando el régimen haya barrido con cualquier forma de disidencia, estoy melancólicamente convencido que el dictadurómetro del profesor Domínguez reflejará una jubilosa quietud, sin percatarse de que lo que mide no es el respeto del gobierno a los Derechos Humanos, y ni siquiera el rigor que éste ejerce, sino la patética sujeción de los gobernados.

Tampoco —y por último— me parece lógico el temor de Domínguez a que la crítica interrumpa o retarde los "cambios benéficos". No estoy muy convencido de la eficacia de la crítica para forzar la mano del régimen, pero si no podemos evitar los crímenes, por lo menos denunciémoslos a voz en cuello. Sería el colmo prestar nuestro silencio a esas reiteradas canalladas.

OFICIO DE EXILIADO

Llevo desterrado la mitad de mi vida. Descubro esa canallada aritmética al llegar a lo que cierto florentino, experto también en persecuciones, llamaba "la mitad del camino de la vida": treinta y cinco años. Supongo que al lector le importe un bledo que el cronista tenga treinta y cinco, cincuenta o doscientos veintidós años, como es el caso de José María Pemán. Pero lo que acaso pueda interesarle al lector es todo ese extraño negocio de llevar media vida en el exilio.

Porque estar —o haber estado— exiliado es casi la inexcusable condición de cuanto inquieto bicho ha nacido al sur de Río Grande. Tal vez uno de los fenómenos más fecundos de América Latina es ese trasvase multitudinario de perseguidos. Pinochet, Perón y Videla pasarán a la historia como anécdotas lamentables, pero habrán dejado —sin pretenderlo— en Venezuela, España y en las tierras que han sabido acogerlos, la huella creadora de cientos de miles de inmigrantes laboriosos. Es así: los crímenes de los tiranos suelen beneficiar a terceros. Franco regó por América a los españoles mejor dotados. Juan Vicente Gómez, Pérez Jiménez, Trujillo, Batista, Castro pusieron en circulación a una impresionante masa humana, educada y trabajadora, que acabó por enriquecer a los países que la recibieron. (¡Qué magnífico negocio —por ejemplo— hizo Venezuela al acoger al historiador y geógrafo cubano Leví Marrero! Ahí está, para probarlo, *Venezuela y sus recursos,* un texto modelo en su género).

¿Qué ocurre —qué le ocurre al exiliado— cuando el destierro le llega antes de cumplir los veinte años? Lo primero es que la patria, la de origen, no ha llegado a cuajarle en el pecho. La memoria que guarda de sus rincones no es una memoria emotiva, exaltada, sino simples y progresivamente débiles recuerdos. Esto es trágico, porque constituye la mínima cantidad de patria necesaria para bloquearle la total asimilación a otro país, pero la suficientemente escasa como para impedirle gozar de la nostalgia. Porque la nostalgia, claro, no es una sensación dolorosa, sino el dulce y *dolorido sentir* de la evocación agradable. Esto quiere decir que a ciertos exiliados les es imposible instalarse cómodamente en el presente o en el pasado, y optan por fabricarse un mítico futuro que si algún día llegan a alcanzar, será, seguramente, decepcionante. La vida, entonces, sin pasado o presente propios, a la paciente espera de un dudoso futuro, transcurre en una desagradable atmósfera de provisionalidad y *ajenidad,* de la que no es posible desembarazarse. No hay anclaje en la patria de adopción, y tampoco lo hay en la de origen. Esos "buenos tiempos" de que ha-

EL OJO DEL CICLÓN

blan los adultos refiriéndose a la etapa feliz y juvenil en que el hombre y el paisaje se funden, son incomprensibles para los exiliados de mi generación y circunstancia. No hay ni habrá "buenos tiempos", como referencia a cierta *edad de oro* personal e irrepetible, para el que tuvo que interrumpir su adolescencia y largarse a otras tierras.

Hay exilios, claro, espiritualmente más llevaderos que otros. Los españoles republicanos, aunque no siempre tuvieron la recepción debida —Cuba, por ejemplo, fue mezquina con los intelectuales—, contaron siempre con la solidaridad moral del mundo democrático. Los palestinos, en cambio, deben a veces sufrir el horrorizado repudio de las gentes hacia las barbaridades y los crímenes cometidos por las organizaciones terroristas. Otro tanto ocurre con los exiliados cubanos. A la injusta acusación de "burguesía en estampida" deben añadir la infinita vergüenza de que algunos de sus líderes apoyen la dictadura de Somoza, sean racistas, sean franquistas y sistemática e insensiblemente se inscriban en la opción más bárbara y represiva. Chilenos, argentinos, paraguayos —el pueblo grande y digno de Elpidio Yegros— en cambio, son asimilados a la lucha por la libertad y el decoro (aunque a veces, como en el caso del chileno Altamirano, defiendan otra clase de dictadura).

Bien, nada que lamentar. Es mil veces mejor la incomodidad del exilio que la tiranía. Ya dijo un experto en la materia la frase altiva y sensata de "sin patria, pero sin amo". En mi caso particular —que al lector, seguramente, le importa un bledo— es sólo cuestión de otros veinte años. Casi nada. El año que viene en Jerusalén, como quien dice.

7-4-78

PUERTO RICO

PUERTO RICO, LA PATRIA Y LA O.N.U.

El Comité de Descolonización de las Naciones Unidas no hace mucho decidió que Puerto Rico era una colonia. La batalla diplomática fue dirigida por Cuba. El satélite derrotó por puntos a la colonia. El incidente dejó su estela de anécdotas sabrosas. Al delegado cubano, Ricardo Alarcón, que no es precisamente famoso por su agilidad mental, se le escaparon dos gazapos escalofriantes; en medio de un improvisado discurso, fogoso, tremebundo, conmovedor, gritó "que había llegado la hora de la libertad para ese país explotado, tiranizado y en poder de los extranjeros que se desangraba en el Caribe... *Cuba*... es decir, perdón, Puerto Rico". (Risotada general). Luego, atropelladamente, mencionó una lista de mártires puertorriqueños. Un nombre extraño a Puerto Rico se le escapó *Boitel*. Boitel había sido uno de los dirigentes universitarios de la lucha clandestina contra Batista. Y había sido amigo de Alarcón. Y unos días antes de la perorata, tras once años de cárcel, había muerto en La Habana a consecuencia de torturas recientes (pesaba 89 libras). Probablemente a Alarcón de ahora en adelante le prohiban improvisar. Tiene un subconsciente peligroso.

La Declaración del Comité, los gazapos de Alarcón y lo que allí se dijo a propósito de Puerto Rico tienen, en rigor, un valor puramente propagandístico. Desde sus inicios, el Foro Mundial —como pomposamente se le llama— es básicamente una caja de resonancia. Nada serio se cocina en la tribuna. La tribuna es para el cacareo. Los huevos se ponen en privado y entre países cuya relación de fuerzas y peso específico tengan coherencia. Pero vamos al meollo del asunto. Acaece que el criterio oficial de las Naciones Unidas para determinar lo que es o no colonia, se afinca en un mito prehistórico: la nación independiente, con perfiles precisos, una asamblea, unos soldaditos de plomo y un presidente con una banda cruzándole el pecho (y otra cuidándole las espaldas). Uganda, por ejemplo, es una nación para la O.N.U. Canadá, no tanto. Puerto Rico, menos.

Por lo pronto hay que decir que no existe sobre la tierra una nación independiente. Y que a la larga —más bien a la corta— no habrá naciones en el sentido tradicional. Ser nacionalista en 1972 es una manera grotesca de hacer el ridículo. (En Hispanoamérica, lo digo con simpatía y con un poco de nostalgia, el nacionalista ejecuta la más entrañable y anacrónica pirueta de nuestro repertorio folklórico). La Nación se alimentaba de una ubre que se va secando: el patriotismo. Parece que la evolución cultural y psicológica del hombre en las sociedades desarrolladas conspira contra el patriotismo. Las causas son varias: primero, los hombres jóvenes se sacuden el peso de la tradición por el mero hecho de serlo. Y el patriotismo fructifica cuando se acepta, sin más, la veneración por unos nombres y unos hechos que acontecieron en un pasado remoto; segundo, el patriotismo exige una concepción épica de la historia, y la épica, ¡ay!, está de capa caída cada vez con más intensidad, en este nuestro siglo de urgentes procacidades. La joven generación de las sociedades desarrolladas se cree, procura, estar liberada del peso mítico. Nada de patriotas, nada de dioses. Nada de jerarquías basadas en la tradición. Nada de compromisos contraídos por otros hombres y en otras épocas. (¡Que pelee Teddy Roosevelt en Viet-Nam!). Aquella máxima estúpida de "mi patria, con razón o sin ella" va dando paso a una más razonable perspectiva. El extranjero no es un enemigo. No es lícito juzgar al extraño por algo tan subalterno como la lengua que habla, el lugar donde nació, la religión que profesa, su credo político o el color de la piel. Esta visión universalista va contra la esencia del patriotismo. El patriotismo por una punta es amor a la patria y por la otra ojeriza contra todo lo que no lo sea.

La nación, además, muere de dolencias económicas. Integrarse en comunidades regionales no es una opción más: es la *única* si se quiere prosperar. O Mercado Común, o COMECON o ALAC, o Pacto Andino, o Commonwealth o lo que fuere. Y estas indispensables integraciones son la primera poda seria al concepto de patria. Los países de Europa Occidental que comenzaron por eliminar las aduanas respectivas, ya van por la creación de un parlamento supranacional, y se proyecta una moneda y un ejército idem. El nacionalismo en esta Europa pujante se va reduciendo al partido de fútbol. La Marsellesa se ha convertido en "¡hurra!".

Y vuelvo a Puerto Rico. No voy a discutir el alcance de la palabra "colonia", aunque me parezca monstruoso que sea precisamente Cuba, satélite obediente, azucarera infeliz de los soviéticos, quien oree el asunto. Lo que me interesa es defender el derecho que tienen los puertorriqueños a optar por el régimen jurídico que les dé la gana. Cada cuatro años hay elecciones libres en la Isla. A ellas concurre un admirable y testarudo partido que defiende la independencia y que sistemáticamente saca menos del cinco por ciento de los votos. En 1952 se proclamó el Estado Libre Asociado con el voto de la inmensa mayoría de los puertorriqueños. En 1968 se ratificó. Puerto Rico *desea* ser "*colonia*". Con ello defiende el per cápita más alto de Hispanoamérica ($ 2,400 dólares) y una tasa de crecimiento económico sin precedente en el Continente (del 8 al 10% anual). El presupuesto de la Universidad de Puerto Rico alcanza los 150 millones de dólares (más que el presupuesto general de algunos países de Centroamérica), y el de Instrucción Pública (eeducación) se acerca a los $ 400 millones. No hay que ser un lince para descubrir que esa prosperidad relativa se debe al "coloniaje", y no precisamente a las riquezas naturales del país (treinta millas de ancho por cien de largo, abarrotadas por tres millones de seres humanos, medio millón de automóviles y miles de fábricas de pequeño y mediano tamaño). Un comité de la O.N.U. quiere imponerle la "independencia" a Puerto Rico. El tema se presta para una mala comedia. El 95 % de los puertorriqueños está dispuesto a defender el "coloniaje" con las armas en la mano. Hasta el último hombre, como se decía en la retórica de viejo cuño. Tal vez la O.N.U. deba mandar un aguerrido grupo de cascos azules.

12-9-72

¡VIVA LA REPUBLICA DE PUERTO RICO!

Presumo que mis lectores no están enterados de nada. (De lo contrario presumo que no serían mis lectores). Pues, la ONU —ustedes saben: esos señores prietos con hermosas batas de colores— ha decidido que Puerto Rico es una colonia. Y luego aplazó hasta el próximo año el debate sobre si debe o no convertirse en República. Prosigo con la información: Puerto Rico es la menor de las Antillas Mayores. La isla tiene treinta millas de ancho por cien de largo, la habitan tres millones de almas, y queda un poquito a la derecha de República Dominicana, o a la izquierda de las Islas Vírgenes, según se mire el mapa que regalan los de Pan American. Hay, además, otros dos millones de puertorriqueños viviendo en Estados Unidos.

Pues bien, existe una seria posibilidad de que el Comité de Descolonización de las Naciones Unidas, bajo la docta presidencia de Uganda (o de Zambia, siempre me hago un lío con las batas), consigna la independencia para el hermano país latinoamericano. Y eso me emociona. Eso me llena de un íntimo orgullo hispanoamericano.

Porque Puerto Rico debe constituir, como todos, su República, y crear un ejército glorioso, lleno de generales con gorras y medallas, que desfilen marciales los días sagrados de la patria. Esos generales que con valentía impar disuelven los congresos, acallan el guirigay de los partidos políticos e implantan el palo y tentetieso. ¿Por qué en una América Latina gobernada —con escasas y precarias excepciones— por militares, Puerto Rico va a mantener una ininterrumpida tradición de civilidad? ¿Por qué los puertorriqueños, sin temores represivos, van a seguir disfrutando del sueño nocturno? Como el resto de nosotros deben saber de una vez lo que significa la fatídica llamada de madrugada de los agentes de Trujillo, Stroessner, Somoza, Perón, Pinochet, Batista, Castro y el resto de la camada.

Puerto Rico, para que sea latinoamericano, raigal y verdaderamente latinoamericano, necesita eso. Y mendigos. También necesita mendigos. Este año Tío Sam le otorga como subsidio tres mil millones de dólares —¡tres mil millones de dólares!—. Con esa criminal forma de colonialismo no vamos a ninguna parte. Cuando se logre la República terminaremos con esta deformación. Habrá entonces mendigos. Se impondrán de nuevo esas mareas negras de niños cochambrosos que alargan las manos para implorar pan. Como en Bogotá, como en Santo Domingo, como en Lima la horrible, como en Guatemala, como en Tegucigalpa, como corresponde a nuestra América hambrienta y apaleada. ¿Por qué Puerto Rico va a gozar del privilegio de no tener mendigos? ¿Por qué sus menesterosos no van a la calle a implorar dádivas con el chantaje de la pierna ulcerada? ¿Por qué las madres de niños hidrocefálicos no acuden a las plazas a negociar con las monstruosas cabezas de sus hijos?

¿Y quién le ha dicho a un pueblo latinoamericano de tres millones de habitantes que puede darse el lujo de mandar ciento veinticinco mil estudiantes a la universidad? Esa es la misma cifra que envía Colombia, con casi diez veces esa población. Cuando tengan República, cuando compartan el glorioso destino independiente de la brava América Latina, podrán reducir sus índices a los promedios oligárquicos del resto de Latinoamérica. Y ni siquiera tendrán que saber de átomos y computadores, porque nuestra tecnología es basta y rudimentaria. ¿Quién ha visto a un latinoamericano soñando con ser astronauta? Eso no nos va. Lo nuestro es el guerrillero romántico, el buen revolucionario que dice mi amigo Rangel; lo nuestro es el corrido mexicano, el macho heroico y elemental, no el científico —¿ciencia para qué?— ni el técnico. Con la República no habrá que saber ni podrán saber. Porque es una vergüenza que los puertorriqueños pobres estudien en escuelas gratis, en las que les dan los libros gratis, en las que los alimentan gratis. Los latinoamericanos pobres ni van a la escuela, ni tienen libros, ni se alimentan. (Los pobres latinoamericanos son tan estúpidos que hasta tienen esperanza). Y los puertorriqueños deben prepararse para ese hermoso minuto en que la gloriosa República les equipare sus pobres con los del resto de la valiente América.

Y deben estar listos para desmontar las fábricas contra natura que el imperialismo les instaló. El imperialismo —¿no es verdad, Mari Bras, insigne teórico?— compra materias primas a sus colonias, a precio de robo, y luego les vende, a precio de usura, productos manufacturados. Por extraños designios de la CIA, el imperialismo montó en Puerto Rico miles de fábricas a las que suministraba la materia prima desde la metrópoli, para luego comprarle los productos manufacturados. La República terminará con esa nefasta práctica y exportará azúcar, plátano, café, tabaco y ron, que es lo suyo, lo que le corresponde como país del Tercer Mundo tropical.

Yo, que he vivido en Puerto Rico, que me nació un hijo en San Juan, ardo en deseos de inaugurar la República.

Así la quiero, como todas: con hambre, con violencia, con desfiles militares, con entorchados, con torturas, con mendigos, con gobernantes ladrones, con ineficacia, con DINAS, con esbirros, con ancianos desamparados. Como la quiere la ONU. Como predica el docto señor de Uganda. (¿O es el de Zambia?).

40-10-77

LUIS MUÑOZ MARÍN: DECLARACION JURADA

Don Luis, hace poco su viejo y cansado corazón nos amenazó a todos. A usted, Don Luis, con la muerte. A mí, Don Luis, con la tristeza de su muerte. Y entonces, ante su inminente cadáver, decidí escribir(le) un artículo necrológico, necrotrágico, y sobre todo, necrofílico. Pero luego usted optó por seguir viviendo —usted siempre tan inesperado— y yo, que también cambio mucho de opiniones, he decidido escribir ahora el artículo, porque pensándolo bien, Don Luis, cuando usted se muera quizás no me sienta con ánimo para garabatear estas cuartillas.

Hace diez años, Don Luis, pude apretarle su mano grande y callosa. Era enero 28, era un acto martiano y las palabras revoloteaban como pájaros ciegos. (El ritual, la elocuencia, Don Luis, usted sabe). Le precedió en la palabra —es así como dicen los maestros de ceremonia— Leví Marrero, la más alta, noble y llena cabeza que tienen los cubanos dentro y fuera de la Isla. Luego habló usted, con su llaneza habitual, con su desprecio por la retórica de salón o de barricada. Al final, lo de siempre: una larga fila de felicitaciones, y yo, entre la multitud, me acerqué, le di la mano y me fui con ese supersticioso orgullo de quien posee una reliquia, un documento histórico o un fundamental secreto de estado.

Usted sabe, Don Luis, que muchos compatriotas suyos —y muchos latinoamericanos, no nos engañemos— piensan que usted pudo ser el Martí de los puertorriqueños. Creen que en sus manos estuvo crear la patria independiente y soberana. Y muchos puertorriqueños, y muchos latinoamericanos, Don Luis, le reprochan que no lo haya hecho. Es esa, Don Luis, el acta levantada en esta primera y más urgente instancia de ese monstruoso proceso que suele llamarse "juicio de la historia", y al que usted comparecerá, solo y mudo, sin otro abogado que su ejecutoria política.

Estos papeles que escribo, Don Luis, son para prestar declaración voluntaria ante ese tribunal. Yo, que casi estoy en mi sano juicio, que lamentablemente soy mayor de edad, que presumo de escritor, que amo a su país, y que tengo un hijo nacido en San Juan, en medio de una inexplicable algarabía de coquíes, yo, solemnemente —a veces hay que ser solemnes, Don Luis— declaro que hubiera sido hermoso, Don Luis, mandar los gringos al diablo y poner patria aparte. Y me sospecho que usted estuvo tentado de hacerlo, y estoy seguro que pudo imaginarse rodeado de vítores, trompetazos patrióticos y hasta en un desfile por la Ponce de León, bajo una lluvia de confetis y la compañía de cien jefes de estado. Ser prócer, Don Luis, ser Padre-de-la-Patria, ser de esa gente que luego sale en los billetes, y de la que los niños aprenden unos horribles versitos pareados, debe ser una cosa tremenda. Menos grato, Don Luis, mucho menos grato, fue optar por ser un humilde gobernador, un honesto servidor público, un electo funcionario presionado y aprisionado por los poderes fácticos.

Y eligió bien, Don Luis, aunque la Británica le dedique menos espacio, porque era más importante el destino de los puertorriqueños que el suyo propio de caudillo carismático. La elección era clarísima: o la soberanía puertorriqueña se disolvía en la soberanía americana, a cambio de lo cual el país comía, se educaba, se vestía y trabajaba decentemente; o el país optaba por la independencia y afrontaba sólo los formidables problemas financieros, tecnológicos, demográficos y educativos que acosan a un islote de 35 millas de ancho por 100 de largo, secularmente pobre e ignorante, repleto por tres millones de habitantes en tierra firme y otros dos de supervivientes en New York y Chicago.

Es verdad, Don Luis, que muchos yanquis WASP desprecian a los puertorriqueños; y es verdad que el ayuntamiento entre dos especies culturalmente distintas es difícil, doloroso y contranatura. Y es verdad que de ese matrimonio surgió la obligación de pelear en guerras remotas y la ausencia de representación internacional puertorriqueña. Y hasta es verdad que la asociación con Estados Unidos y la "internalización" —así se dice ahora, Don Luis— de sus valores, valores yanquis muchas veces contrarios al ser histórico-cultural puertorriqueño, genera cierto malestar en la población y cierto odioso complejo de inferioridad, patentizado, muchas veces, en chauvinismos infantiles. Todo eso es verdad, Don Luis, y lo de las drogas. Y la violencia y muchas otras cosas que a todos nos duelen.

Pero esa no es toda la verdad, Don Luis, porque en su país hay muchos aspectos positivos que en alguna medida han sido posibles por la asociación con Estados Unidos. En su país, Don Luis, no hay una odiosa casta de militares dictando leyes y matando en nombre de la civilización occidental. Ni hay tradición de robo y peculado entre los funcionarios públicos. Ni la ciudadanía vive atemorizada por la represión policíaca —aunque a veces, Don Luis, ocurran imperdonables barbaridades, como la muerte del hijo de Pedro Juan Soto—. En Puerto Rico, Don Luis, no hay pordioseros, ni enfermos menesterosos que no reciben atención médica, ni niño que no pueda alimentarse correctamente, carezca de libros o puesto escolar, ni desempleado que no reciba un subsidio razonable. Y todo eso, Don Luis, se ha hecho sin paredones, sin cárceles y en virtud —no nos ceguemos— de las relaciones con Estados Unidos. Y no es verdad que la prosperidad de Puerto Rico, la libertad de sus ciudadanos y la fortaleza de sus instituciones —un siglo XX sin guerras civiles, sin golpes de estado, sin tiranos— no es verdad que esa inmensa riqueza convivencial pueda garantizarse dentro del marco necesariamente desvalido de la república independiente. La historia político-institucional de Puerto Rico ha sido sustancialmente diferente de la del resto de Hispanoamérica por el tutelaje norteamericano. De lo contrario, ¿cómo se explica la historia civilista, democrática y de creciente prosperidad de los puertorriqueños a partir de 1898, y más aún desde los años cuarenta? No, Don Luis, usted lo sabe: ha sido la peculiar relación con Estados Unidos. De lo contrario Puerto Rico hubiera sido otro dolor antillano, pero más amargo aún, porque es más pobre, pequeño y proporcionalmente poblado que Cuba o República Dominicana.

Lo que usted preservó, Don Luis, renunciando a la independencia, es mucho más valioso que lo que se ha perdido. El país tiene problemas, es cierto, pero son menores y mucho menos acuciantes que los de sus vecinos. Y los puertorriqueños, Don Luis —aunque los señores de la ONU afirmen lo que les dé la gana— sin dejar de ser libres, sin vivir en una sociedad rígida y dogmática, sin estar tiranizados por la izquierda o por la derecha, son cada vez más instruídos, están mejor vestidos y alimentados, son más longevos, más altos, contraen menos enfermedades, o se curan con mayor eficacia, viajan con más frecuencia, disfrutan de las artes, escriben mejores libros, pintan mejores cuadros, practican más deportes, componen y escuchan mejor música, construyen más hermosas viviendas, cada minuto que pasa, Don Luis, los puertorriqueños, en medio de problemas formidables, cuantitativa y cualitativamente perfeccionan la patria común. Frente al desastre latinoamericano, Don Luis, Puerto Rico, jalda arriba, hace su trayecto hacia un mejor destino.

Bueno, Don Luis, eso no es todo, pero supongo que otra gente también querrá declarar. Ahora que yo he escrito esta crónica, no se nos muera muy pronto. Usted es un infatigable peleador: dele la batalla a su corazón grande y cansado. A fuerza de coraje oblíguelo a que lata. Demórenos a todos ese mal rato, Don Luis, porque cuando usted se muera mucha gente se va a sentir muy mal. Mire: yo ni siquiera puedo prometerle una simple nota periodística. Ese día sólo tendré ánimo para recordarle en la tribuna, hablando de Martí con emoción, moviendo pausadamente sus manazas. Ese día, Don Luis, yo me lo temo, se me va a congestionar la mirada, y los escritores, Don Luis, como me decían de pequeño, los escritores no lloran.

20-12-78

VENEZUELA

EL DILEMA DE LOS VENEZOLANOS

El centro político de Latinoamérica pasa hoy por Caracas. Ni siquiera Echevarría, en el Norte, con su gran talla de estadista, alcanza el fabuloso peso específico de Carlos Andrés Pérez. En la balanza del venezolano caen, claro, la masa de petróleo y el resto de las increíbles riquezas mineras del país. En época de hambruna mundial Venezuela tendrá las arcas repletas de dinero; en momentos de estancamiento podrá el país desarrollarse a marcha forzada. Su petróleo —su poder— le da voz privilegiada en las asambleas internacionales y la posibilidad de tutear a las grandes potencias. La bonanza económica que disfruta —y que debe aumentar— garantizará la paz social. Afortunadamente Carlos Andrés Pérez no necesitará tanta "energía" para acompañar la "democracia" que prometió a sus compatriotas, según el inteligente lema creado por el escritor Viera Trejo. Son tiempos de vacas gordas.

Pero todo ese cuadro de bienestar pone a los venezolanos —del Presidente al último de los ciudadanos— ante una difícil disyuntiva: ¿asume Venezuela su papel de nación líder de Hispanoamérica, resucitando su vocación bolivariana, o en silencio dedica exclusivamente sus recursos al desarrollo nacional, ignorando los acontecimientos fuera de sus fronteras?

Si opta Venezuela por el liderato, esto es, si Carlos Andrés Pérez y sus íntimos colaboradores eligen el camino del compromiso americano, tendrán que fijarse unos objetivos políticos y económicos. No se trata solamente de conceder créditos y vender petróleo en mejores condiciones a Latinoamérica, sino de darle un sentido moral a esta tutela económica. La crisis mundial por la que atravesamos tendrá en Latinoamérica su contrapartida política: mano dura. El hambre traerá palos. Venezuela, si acepta su rol de potencia regional, de cabeza del Continente, puede poner su acento sobre las formas democráticas de gobierno. Necesitará entonces, como todas las potencias, imaginación y audacia, pero al fin y al cabo fueron los venezolanos los arquitectos de la asombrosa revolución americana del XIX.

En primer término, tendría el país que aceptar la hipótesis de que el poder desmesurado —en este caso económico— tiene su contrapartida ética. El que lo posee contrae responsabilidades. Tendría Venezuela que adoptar y aceptar la sicología de las potencias, ese peculiar mecanismo mental que vincula a los graneros yanquis con el hambre de la India. Si se acepta la inmoralidad de que miles de hombres mueran de desnutrición en la franja ecuatorial de Africa, mientras Canadá o Rusia tienen llenos sus trojes, no sería difícil que la misma acusación cayera sobre Venezuela cuando Bolivia y Honduras se desangren pagando las importaciones de alimentos y combustible. Por supuesto que Venezuela no puede ser o hacerse responsable de la crisis económica de latinoamérica, pero tampoco puede evitar que su riqueza, frente a la pobreza vecina, se convierta en *inmoral*. Hoy, en más o menos esos términos, Africa negra acusa a los estados árabes.

Pero por razones geográficas, el gran reto de una Venezuela en función de potencia regional estaría en el Caribe: Cuba. Los Estados Unidos, al principio, no pudieron derrotar a Fidel, y luego no supieron negociar con él. Si Venezuela asume su papel dirigente, deberá tener una "política cubana". Y sus kissingers criollos para llevarla a cabo. Algo de esto se barrunta en Cuba, de donde ha salido un memorándum anónimo, pero de evidente factura gubernamental, o por lo menos de un amplio sector del gobierno descontento de la sumisión a los soviéticos, pero temerosos de los yanquis. Según el documento, si Venezuela y México garantizan 1) la no injerencia norteamericana en los asuntos cubanos y el fin del bloqueo; 2) el suministro de combustible; 3) la concesión de créditos para sostener a flote la economía cubana por cierto tiempo; Cuba estaría dispuesta a 1) neutralizar al país apartándose en lo político y en lo económico del bloque soviético, aunque sin renunciar al modelo económico comunista; 2) a reducir sus fuerzas armadas al nivel venezolano; y 3) a renunciar a cualquier forma violenta de exportación de la revolución.

Este y otros problemas peliagudos debería enfrentar Venezuela si pasa a convertirse en una nación *activa* históricamente hablando. Su caja de caudales le permite hoy *hacer* historia y no simplemente *vivirla*. Pero la historia se hace no a la buena de Dios, sino dentro de unas coordenadas éticas y en procura de ciertos objetivos concretos en cuyo logro hay que poner imaginación y medios disponibles. Venezuela, o tal vez un eje Caracas-Ciudad México, puede sustituir a los Estados Unidos en la dirección de nuestro rumbo americano. Por lo menos se trata de dos países democráticos, de dos gobiernos libremente electos, y no del "*big brother*" autoritario y dictatorial que se va incubando en Brasil. Sólo queda por hacerse la pregunta de rigor: ¿pueden o quieren los venezolanos afrontar las responsabilidades que les tocan a las puertas? Una respuesta negativa nos dejaría sin armas frente a la injerencia imperialista rusa o norteamericana. Vivimos una era de zonas de influencia, bloques políticos, primeros, segundos y terceros mundos y en el choque de fuerzas e intereses alguien tiene siempre que trazar el rumbo. Si nosotros desertamos a la hora de las grandes decisiones, no nos rasguemos luego las vestiduras cuando en Washington o Moscú nos dicten nuestro destino.

30-5-74

CARLOS ANDRES PEREZ: ¿DESPIERTA AMERICA?

Washington se va. Esto es irreversible: el policía, el *big-brother,* el prestamista, el socio generoso o tacaño —según se mire— recoge velas y limita sus actividades. Latinoamérica, acostumbrada a delegar funciones —que inventen ellos, que espíen ellos, que inviertan ellos— queda desamparada. ¡Estupendo! Es la hora de enfrentarnos con nuestras sociedades directamente y no a través de un modelo idealizado. En el camino hacia la yanquización nos quedamos en el esperpento. Intentamos inútilmente copiar un mundo cuya característica esencial era la mutabilidad, y ahora pagamos el pato. Una prodigiosa cultura que precisa y modifica sus objetivos a cada trecho resulta el más inasible arquetipo.

Hasta hace poco el panorama político hemisférico era clarísimo: los Continentes —Norte y Sur— seguían el paso que silbaban los yanquis (menos Cuba, que optó por la balalaika, lo que no es menos bochornoso). Con la jubilación norteamericana se venía abajo todo el edificio. Latinoamérica debe buscar *dentro* la dirección de su destino. Hasta ahora sólo dos gobernantes han entendido a cabalidad el reto: Carlos Andrés Pérez y Luis Echevarría. De los dos sólo el primero tiene realmente posibilidades de asumir el liderazgo regional de los países de la cuenca del Caribe. Echevarría está demasiado atrapado dentro de las contradicciones de su partido para hacerle frente a la demanda. Venezuela, además, tiene las arcas llenas de dinero y gobierna un partido de vieja tradición internacionalista, y un presidente con fuertes lazos personales con dirigentes políticos de semejante vocación americana. Acción Democrática y Carlos Andrés Pérez *creen* en Latinoamérica, y la reciente reunión de países centroamericanos lo confirma. Caracas —a escala— puede sustituir a Washington en el liderazgo, pero sin el intervencionismo. Puede reemplazarlo como banco y como modelo político. A fin de cuentas uno de los pocos regímenes libremente electos del Continente es el venezolano. Caracas comienza a tener una política exterior autónoma y a desarrollarla con ademanes de potencia regional. No es un secreto que Carlos Andrés Pérez ha tenido contactos directos con Fidel Castro, ofreciéndole su mediación para resolver los conflictos entre La Habana y Washington, entre La Habana y las capitales latinoamericanas desafectas. Carlos Andrés aspira a atraer a Castro al redil latinoamericano, alejándolo del bloque soviético, aunque Cuba conserve su perfil de dictadura comunista. Para Fidel la oferta es tentadora. Ahora, con su buena provisión de divisas producto del azúcar, el regreso al área económica occidental sería provechosísima. Cuba acaba de firmar un convenio con España que asciende casi a los mil millones de dólares. No hay, evidentemente, repugnancias políticas en el comercio internacional. No se sabe la reacción de la Unión Soviética ante un socio que sólo lo es en épocas de vacas flacas, pero me sospecho que será de resignación. Son costos diferidos de la época de la guerra fría.

Es una hermosa casualidad que este afán venezolano de emancipación coincida con el siglo y medio de Ayacucho. Tal vez estemos al inicio de un larguísimo camino. Si hoy Carlos Andrés Pérez ha entendido que el destino político de la región podía ventilarse en español y bajo su orientación, mañana acaso todos acabaremos por entender que el atajo más corto hacia la frustración es el de sabernos parásitos de las grandes potencias. Asumir la jefatura política es sólo un primer paso. Nuestras universidades y centros de investigación tienen que trabajar en serio o simplemente crearse.

Mi desaliento con nuestros países nunca se me hizo tan obvio como en la Universidad de Jerusalén, cuando escuché de labios de un profesor el dato pavoroso de que Israel, con sus dos y medio millones de habitantes, genera diez veces más avances tecnológicos que todo el conjunto latinoamericano. Nuestra postración intelectual ha llegado al límite del ridículo. No se trata sólo de que Washington adiestre a nuestros físicos atómicos, sino que adiestra a nuestros directores de tránsito, a nuestros vendedores de seguros, a nuestros especialistas en mercadeo (para que se aprovechen de nuestros hábitos de consumo), y a nuestros ecólogos y sociólogos (para que nos defiendan de los anteriores).

No pretendo descargar culpas, pues menos tiene la nación que monta que la que mansa y sumisamente se deja montar. Llevamos siglos —los siglos hispánicos— de entrega casi total, y décadas —¿seis, siete?— de la más penosa abyección. Constituimos un desgraciado mundillo subsidiario que pasivamente ha aceptado que le tracen su futuro sin apenas intervenir en ello. Sería agradable creer que estamos al final del túnel. El hecho tan elemental de que una nación tenga su política exterior propia y defina y persiga determinados objetivos, es casi un milagro en Latinoamérica. Fidel lo intentó al comienzo de su gobierno, pero a los pocos meses había aceptado un nuevo vasallaje. La audacia de este político venezolano puede ser el inicio de una cierta mentalidad autónoma. Ahora hace falta que ese esquema se reproduzca en todos los órdenes de la sociedad. Que nuestros filósofos piensen y no repitan como loros. Que los heidegger, los ortega o los sartres se atrevan a nacer en Montevideo o en Managua; hace falta que los científicos investiguen, que los militares reconsideren seriamente unas estructuras, unas estrategias y unos equipos diseñados para circunstancias que no están presentes en la realidad latinoamericana.

Hace falta que de una dichosa vez nuestro continente —el continente *estúpido* le llama Baroja con su brutal franqueza— piense con su cabeza y comience a dar sus primeros pasos en dirección de la cultura. 24-12-74

ROMULO: GLORIA Y GRILLETES

El periodismo de opinión debe ser una forma escrita de urticaria. Hace diez años —a los veinticinco, que es cuando ya no hay remedio para casi nada— llegué a la nefasta conclusión de que sólo valía la pena escribir en los periócos para defender criterios heterodoxos, decir cosas desagradables y denunciar estupideces. O sea, escribir con el extraño objetivo de acumular enemigos. Entonces me alisté en la guerra a muerte al cretino universal que en algún momento declarara Unamuno, aunque con la melancólica sospecha de que podría estar participando en un acto masoquista de autodestrucción. (La violencia de esta guerra me ha llevado al extremo de opinar que *Del sentimiento trágico de la vida* es un lamento menor, una simple rabieta metafísica, escrita por Don Miguel con su inagotable vesícula). Por ese camino y en esa guerra he cosechado un buen montón de ataques, un reto a duelo y varias amenazas de muerte. La más pintoresca ha sido la de un anónimo general peruano, oculto en el espeso catastro de catorce mil generales peruanos, que tiene prometido ametrallarme desde su glorioso Mirage. Espero que —como casi siempre— no logre hacer despegar el invento.

Pero a veces el periodismo debe ser otra cosa. A veces es muy hermoso renunciar al árnica. Por estas fechas, hace medio siglo, Rómulo Betancourt estaba encadenado en una celda del tirano Juan Vicente Gómez. Juan Liscano —ese poeta grande de Venezuela— lo ha recordado en un bello artículo de *El Nacional*. Hace medio siglo, un Rómulo flaco y ojeroso, casi niño, soñaba una Venezuela distinta, libre, próspera. Los grilletes de Gómez —no es una metáfora, los presos de Gómez llevaban grilletes— no lo disuadieron de su empeño. Los venezolanos de hoy quieren homenajear al preso de hace medio siglo, y yo no quiero faltar al homenaje. Confieso mi absoluta debilidad por la figura de Rómulo Betancourt. Declaro mi más apasionado romulismo.

Hace apenas un año, flanqueado por Sofía Imber, la intransigente con todas las injusticias y por Carlos Rangel, el implacable desmitificador de nuestra historia americana, sin quitarme el polvo del camino, llegué con mi mujer a Pacairigua, la quinta de Don Rómulo en Caracas. Otras voces —desmentidas por Carlos y Sofía— me habían desorientado, me habían advertido que hallaría a un anciano débil y chocheante, vencido por los años y por el atentado dinamitero de los trujillistas. Falso. Todo era falso. Me encontré un hombre enérgico, como de alambre, con una increíble memoria, lúcido en sus razonamientos políticos, casi aplastante, con una lengua hecha de epítetos y chasquidos agresivos. Me impresionaron su lealtad a ciertos hombres, su solidaridad con ciertas ideas, su odio a los tiranos, su rencor a los adversarios. La máquina emocional e intelectual estaba intacta. Intacto su aparato de amar y odiar al prójimo. Su mano temblaba, es cierto, pero al ritmo de su discurso apasionado. Fueron tres horas de inteligente vehemencia. O de vehemencia inteligente. De noche, tarde, cuando abandonamos su casa, me llevaba la agradable certeza de que, por una vez, el mito y el hombre encajaban. La leyenda de Rómulo estaba cortada a su exacta medida.

Pero esta devoción política mía —una de las pocas— debo explicarla. Rómulo es el gobernante que necesitaban todos los países americanos. Los males de América son muchos, pero los peores son el militarismo, la rapiña e insensibilidad de la derecha, la demagogia erosiva del marxismo, la corrupción administrativa, la ausencia de un proyecto nacional trascendente, la desvalidez de las masas, la serena comprensión del fenómeno imperialista, la necesidad de una política exterior autónoma, pero sensata y de acuerdo con la real potencialidad del país. Rómulo salvó a Venezuela del militarismo, poniéndose él mismo al frente de las Fuerzas Armadas cuando el Partido Comunista de Venezuela auspició los golpes putchistas de Carúpano y Puerto Cabello. Fue un presidente civilista hasta el extremo de asumir personalmente el mando militar para evitar, entre otros males, el protagonismo político del ejército. Supo que si Miraflores no se hacía cargo de los cuarteles los cuarteles acababan haciéndose cargo de Miraflores. Y tenía razón: si Venezuela hoy posee un ejército profesional obediente al poder civil, se debe a que en aquellos fatigosos años sesenta, Rómulo Betancourt supo mantener las riendas.

Rómulo Betancourt creó un partido de base popular en la mejor tradición socialdemócrata, pero ha tenido el valor de renunciar al lenguaje delirante de ciertos socialdemócratas avergonzados. En un libro del mejor periodismo, *Venedemocracia,* de Alicia Segal, Betancourt afirma, paladinamente, que él y su partido son *reformistas*. Nada más y nada menos que reformistas. No quiere jugar al revolucionario detonante, no quiere engañar a nadie. Su proyecto de justicia social discurre por la transformación del país sin degollinas y sin sobresaltos. Sin marxismos y sin la secuela de manicomios para los disidentes.

Rómulo Betancourt sabe que el robo y el peculado pudren a los países. Son la carcoma del sistema y si puede denunciar el que existe en su país, aún el que ha existido en los gobiernos adecos, es porque esa corrupción jamás le ha tocado. Betancourt ni tiene dinero ni le interesa tenerlo. Estuvo cinco años sentado en una montaña de oro sin que se notara en su exigua cuenta bancaria. Ya sé que *eso* es lo que se espera de cualquier gobernante, pero *eso* es la excepción en nuestras saqueadas repúblicas. Betancourt formuló una doctrina que lleva su nombre, encaminada a fortalecer las democracias representativas en el continente y a defender, antes que Carter, los derechos civiles y políticos de los hombres de América. La "Doctrina Betancourt", difícil de ejecutar, es, sin embargo, la piedra angular de una sana política exterior para un país que aspira a ser una potencia regional. Rómulo Betancourt ha sido el inspirador de todo eso. El sembrador de la democracia en una nación en la que la lucha por la independencia tuvo más éxito que la lucha por la libertad. Es cierto: no pocos venezolanos le regatean a Betancourt sus méritos y su gloria. El reñidero político es siempre cruel y rudo, pero yo no soy venezolano: desde mi lejana perspectiva es absolutamente obvio que no ha habido en la historia venezolana contemporánea otra vida tan benéfica para ese país.

7-3-78

CENTROAMERICA

REPUBLIC, SI; BANANA, NO

No sé si el Presidente López Arellano aceptó o no el soborno de la United Fruit. Por lo pronto, los políticos son culpables mientras no demuestren su inocencia. Y a veces ni así. El Derecho es al revés en estos trances. No se les otorga el beneficio de la duda porque nadie duda nada. Todo el mundo afirma. Supongamos, pues, con el pueblo, que es verdad. Lo novedoso, entonces, sería no que el gobernante se enriqueciera, sino que esto le costara el puesto. Honduras ha hecho una cosa magnífica. Toda nación que se respete debe estar dispuesta a montar su Watergate. Lo inmoral es ignorar los desafueros de los gobernantes, no airearlos.

Hace unos meses se suicidó el presidente de la corporación conocida por United Fruit. Se tiró del piso cuarenta y tres de un edificio —claro— newyorquino. Se dice que el suicidio tenía que ver con el fracaso de la compañía, pero esto de los suicidas hay que cogerlo con pinzas. (Iba a decir que especialmente si se tiran del piso cuarenta y tres, pero me parece irreverente, ¿no?). Nunca son obvias las razones de los suicidios. Ni siquiera cuando hay nota previa, porque por alguna maldita razón, los suicidas, como si estuvieran pagando un telegrama a Australia, son notoriamente lacónicos: "no se culpe a nadie de mi muerte", etc. Por otra parte, como el más elevado índice de suicidios aparece en los países desarrollados —Suecia, Dinamarca, Estados Unidos, Japón, etc.— puede ser que no sea una señal de extrema infelicidad, sino de madurez. Ante ciertas fatigosas complicaciones, ciertos señores optan por morirse. La verdad es que no veo nada malo en el asunto. En Biafra no se suicida nadie, y los europeos que menos se autoliquidan son los tiranizados y empobrecidos albanos. ¿De qué sirve, pues, la enigmática estadística del suicidio?

Volvamos al tema. Todo lo ocurrido puede muy bien simbolizar el fin de la era de las "banana republics". Tal vez no vuelva a contemplarse el odioso espectáculo de una compañía —extranjera o nativa— que dicte las normas de gobierno y que cambie de gobernante cuando se le antoje. Pero es difícil. La caricatura —Woody Allen— ha difundido el penoso remoquete de "banana republic", pero igual se pudiera hablar de "café republic", "sugar republic", "oil republic" o "copper republic". Los países que dependen de uno o pocos productos de exportación inevitablemente crean su centro de poder en torno a estos productos. Especialmente en regímenes capitalistas, en los cuales la vecindad del dinero y la política es casi siempre promiscua.

Lo que estoy tratando de decir es que la United Fruit, la Gulf and Western, la Anaconda y otros engendros parecidos, son más un resultado que una causa. Son el resultado del monocultivo o la monoextracción. Sólo la diversificación, dentro del esquema capitalista, puede garantizar la independencia del poder político. Y hasta ciertos límites, porque no se puede olvidar aquello de "lo que es bueno para la General Motor es bueno para Estados Unidos". Pero aún este país, dentro de sus fronteras, insiste en la legislación contraria a los monopolios. En la medida que se reparta el peso del capital éste perderá su capacidad de presionar en beneficio propio. En nuestras frágiles repúblicas se toman pocas precauciones en esa dirección. La avidez por capital foráneo es mayor que el instinto de conservación.

La lección de la United Fruit es clara: los países débiles deben fraccionar la penetración del capital extranjero y dispersarla en diversos sectores, con el objeto de no debilitar la soberanía. Esto es lo que, más o menos, las compañías se seguro llaman "repartir los riesgos del siniestro". Entonces seremos más republic y menos bananas.

1-6-75

LA HERENCIA DE LOS SOMOZA

Nicaragua es un pobre país al que le suceden tiranos, crímenes y terremotos. (También le sucedió Rubén, pero eso es otro cataclismo lejano y olvidado). La más reciente catástrofe es la de Chamorro. Chamorro había escrito una hermosa novela, *Ritcher 7*, contando los incidentes ocurridos en los días patéticos del terremoto. Guardo celosamente el ejemplar dedicado. Su muerte brutal y barbárica me lo ha hecho entrañable. Alguien —¿Cuadra, tal vez?— debe escribir ahora la novela de Chamorro, la novela del terremoto de su muerte. Porque Managua —esa Managua sucia, desangelada— se echó a la calle a llorar su rabia y su rebeldía. Miles de hombres y mujeres —cincuenta mil, dice mi periódico europeo en una nota indigna de la magnitud del crimen— preguntaban a gritos "¿quién asesinó a Chamorro?" y se contestaban, unánimes, "Somoza". Sí: Somoza fue. Tal vez no supo nada. Tal vez no lo planeó, pero a través de cuatro fatídicas décadas la infinita familia Somoza ha ido creando el marco de salvajismo y abuso para que los Chamorros de ese país mueran a manos de los pistoleros. Lo peor del somocismo no es el robo y el crimen de la nefasta dinastía, sino que robo, crimen y corrupción son parte inseparable de miles de nicaragüenses. El somocismo es más que una dictadura: es una enfermedad infecciosa que ha ido pudriendo al pueblo. Aquellos soldados que se lanzaron sobre los despojos de las víctimas del terremoto, no eran desalmados aislados, sino la idea platónica del somocismo. Eran el somocismo químicamente puro. Los funcionarios que comerciaron con el hambre, el dolor y el desgarramiento de los nicaragüenses, no eran sabandijas inevitables, sino los atentos discípulos del somocismo, aplicando la metafísica del maestro. ¿Qué ha hecho, si no, esta inacabable cáfila desde hace casi medio siglo? Robar, mentir, enriquecerse, sobornar, traicionar, corromper. No hay parangón siquiera en la sombría dictadura trujillista. Trujillo, que era un monstruo, no pudrió a los dominicanos. Se pudrió él hasta los tuétanos pero no a los suyos. Era impensable, ante cualquier crisis dominicana, que sus soldados se dedicaran a saquear a las víctimas de una catástrofe. Esa insolidaridad carroñera, esa falta total de humanidad, es la esencia y la herencia del somocismo. Los Somoza han engendrado una larga casta de asesinos y saqueadores. Tres o cuatro de ellos —a sueldo, probablemente de un canallesco extranjero— lo que han hecho sencillamente, es culminar el somocismo en el cadáver de Pedro Joaquín Chamorro.

América Latina y especialmente Estados Unidos tienen una deuda con el pueblo nicaragüense. Ese quiste ético, ese tumor de la conducta política, ha crecido incesantemente durante cuarenta vergonzosos años ante el silencio o la complicidad de los demás países del hemisferio. Ojalá que la muerte de Chamorro sirva para que la comunidad de pueblos americanos, en una arqueada definitiva, expulse de su vientre al somocismo. Hace falta un gesto enérgico —10 en la escala política de Ritcher— que elimine de una vez a esa banda nefasta.

LA CAIDA DE SOMOZA:
INICIATIVA NORTEAMERICANA

El memorándum secreto de Mauricio Solaum a Cyrus Vance y Brzezinski es definitivo: Washington debe actuar para liquidar ordenadamente a la dictadura de Somoza. El embajador norteamericano en Managua es quizás el hombre más calificado del Departamento de Estado para emitir un juicio de este tipo. El embajador Solaum tiene una sólida formación como abogado (Santo Tomás de Villanueva), economista (Wharton), sociólogo y antropólogo (Harvard). Ha sido profesor en la Universidad de Chicago y es un liberal convencido. Pero además de todo eso, Mauricio Solaum cuenta con la experiencia cubana. Solaum era un joven cubano recién egresado de la Universidad de Villanueva cuando se produjo la caída de Batista y en medio del mayor júbilo, como todos los cubanos, vio y vivió en la huída de Batista y la triunfal entrada de Fidel Castro en La Habana. Casi veinte años después, pero ahora en funciones de Embajador de Estados Unidos, le toca asistir al entierro de otra dictadura. De su juvenil experiencia Mauricio Solaum debe haber sacado el convencimiento de que a las dictaduras es mejor liquidarlas ordenadamente que presenciar el incontrolable desplome. Ahí está, al otro lado del Atlántico, la ejemplar desfranquización española, hecha desde dentro y poniendo a salvo al aparato institucional.

Día 1: Convencido Carter por Vance y Brzezinski de los razonamientos de Solaum, despacha a R. Jordan en una misión relámpago con destino en Ciudad México, Caracas, San José de Costa Rica y Santo Domingo. Washington ha decidido actuar contando solamente con los regímenes democráticos de América Latina. Por recomendaciones del senador Jackson se ha incluido en el séquito de Jordan, y en calidad de asesor, a Jaime Benítez, expresamente de Puerto Rico en el Congreso norteamericano y ex Rector de la Universidad de Puerto Rico. El "Plan Solaum" va dejando ver su estrategia con el paso de los días.

Día 2: La misión norteamericana llega a México. Tras una larga sesión de trabajo se llega a un acuerdo: México apoyará la iniciativa norteamericana pero sólo en la esfera diplomática y pública. Nunca involucrando efectivos militares. Esa misma tarde la misión norteamericana vuela a San José de Costa Rica. El recién electo presidente Carazo entiende y acepta la propuesta norteamericana. Más aún: propone el nombre de su ex-adversario Luis Alberto Monge para los planes que se fraguan. La misión se traslada a Caracas.

Día 3: Carlos Andrés Pérez escucha la propuesta y pide tiempo para reflexionar. En una urgente reunión a la que acuden Rómulo Betancourt, Luis Piñerúa, Gonzalo Barrios y el propio presidente Pérez se decide apoyar el plan norteamericano.

Día 4: El Presidente Joaquín Balaguer da su visto bueno al plan de Washington, no sin antes comprometer a la delegación norteamericana en el apoyo a su crédito de ochenta y cinco millones que la República Dominicana ha solicitado del Banco Mundial presidido por Robert McNamara.

Día 5: El Presidente Carter declara que la situación en Managua es alarmante. Que la dictadura del General Somoza ha violado repetidas veces los Derechos Humanos, y que el gobierno de ese país no puede garantizar la vida ni las propiedades de los ciudadanos norteamericanos. El presidente anuncia un plan de evacuación para los ciudadanos norteamericanos. Venezuela, simultáneamente, convoca una reunión urgente de la OEA para tratar el tema nicaragüense.

Día 6: Con la abstención de Chile, Argentina, Paraguay y Brasil, y con el voto en contra de Guyana y Jamaica, la OEA acuerda la creación de un comité especial formado por Venezuela, Costa Rica, República Dominicana, México y Estados Unidos para negociar con Managua el cese de la guerra civil. El embajador norteamericano en Managua le comunica al General Anastasio Somoza que su gobierno no está dispuesto a seguir apoyándolo.

Día 7: Radio Habana denuncia que se prepara una invasión internacional contra Nicaragua como la que puso fin a la guerra civil dominicana de 1965. En un editorial del *Granma* se advierte que las fuerzas progresistas no van a permitir que se burlen los deseos de libertad del pueblo nicaragüense.

Día 8: El embajador Solaum le comunica al General Somoza los planes para terminar con la guerra civil y comenzar la democratización del país.

Primero: Se crea un Comité Internacional de Democratización y Pacificación, presidido por Venezuela y con representantes de Estados Unidos, Costa Rica, República Dominicana y México. Este comité asume las facultades de organizar la democratización del país.

Segundo: Convocatoria a elecciones libres en un plazo de 120 días. Las elecciones estarían supervisadas por los delegados de estos países.

Tercero: Ni el General Somoza ni ningún miembro de su familia puede presentarse a estas elecciones, y serán expatriados treinta días antes de la celebración de los comicios.

Cuarto: Los delegados de los países mencionados en la Junta Interamericana de Defensa, se hacen cargo de la dirección de la Guardia Nacional, con el objeto de profesionalizarlos quitándoles cualquier vestigio de sectarismo político.

Quinto: El Comité Interamericano de Democratización y Pacificación se reserva el derecho a llamar tropas de los respectivos países que lo integran, con tal de salvaguardar la paz y el orden en la república de Nicaragua.

Sexto: Se decreta la amnistía inmediata de cualquier condenado por delitos de intencionalidad política y se ofrece al Frente Sandinista y a todos los grupos insurgentes la paz y la libre participación en los comicios venideros.

Séptimo: Se disuelve el Congreso y se crea en Managua un órgano de consulta con miembros del Partido Conservador de oposición, representantes de UDEL, de las fuerzas sindicales, empresariales y religiosas. El Comité Interamericano de Pacificación se compromete a efectuar consultas sobre cualquier tema esencial. El grupo nicaragüense es presidido por Alfonso Robelo Callejas.

Día 9: El General Anastasio Somoza se reúne con los líderes del Partido Liberal y con el Estado Mayor de la Guardia Nacional. Guerrilleros del Frente Sandinista atacan la ciudad de León. Se rumorea que Somoza ha pedido ayuda a Chile y Argentina, pero que las presiones de Washington han impedido que esa ayuda se materialice.

Día 10: El General Anastasio Somoza acepta el plan del Comité Interamericano de Democratización y de Pacificación. Se espera el inminente traslado a Managua de las personalidades que lo forman. Se especula con que el Comité estaría presidido por el ex presidente Rómulo Betancourt, y lo integran el costarricense Luis Alberto Monge, el dominicano Frank Marino Hernández y el delegado de México en la O.E.A. En representación de Estados Unidos ha sido nombrado el puertorriqueño Jaime Benítez. El pueblo de Managua se prepara jubiloso para el recibimiento de los líderes americanistas. La dictadura de Somoza ha terminado.

28-3-78

LA CAIDA DE SOMOZA: INICIATIVA SOVIETICA

Día 1: El frente sandinista declara "Territorio Libre" una zona inhóspita y remota de Nicaragua y constituye un gobierno beligerante. La noticia sale al aire por Radio Habana y es difundida por Prensa Latina, Tass, y luego recogida por las grandes agencias internacionales: UPI, AP, ANSA, Reuter, France Press, etc.

Día 2: Simultáneamente es reconocida la República Libre de Nicaragua (sandinista) por Cuba, Angola, Etiopía, Argelia y Libia. Delegaciones del frente sandinista se trasladan a Jamaica, Guyana, Venezuela y Panamá con el objeto de solicitar el reconocimiento de estos gobiernos y la expresa condena a la dictadura somocista. Los partidos de izquierda venezolanos presionan sobre Miraflores.

Día 3: Cuba nombra embajador en la República Libre de Nicaragua a José Abrahantes, y declara que se reserva el derecho a ayudar de cualquier manera, incluyendo por las armas, a los legítimos representantes del pueblo nicaragüense. Ese mismo día la edición del matutino del *New York Time* trae la noticia de que durante meses, utilizando la valija diplomática, la Embajada cubana en Panamá y el consulado cubano en San José de Costa Rica, han ido transportando un verdadero arsenal de armas ligeras con destino a Nicaragua.

Día 4: Los Estados Unidos declaran que no tolerarán una intervención militar de Cuba en Nicaragua y que en el caso de que tal cosa ocurriese actuaría con toda la energía que el caso requiere. Pocas horas después el representante soviético ante las Naciones Unidas denuncia una maniobra norteamericana tendente a atacar al gobierno cubano y advierte que la soberanía y la integridad de la

Isla de Cuba están protegidas por las naciones del pacto de Varsovia. Esa noche la República Democrática Alemana decreta una minuciosa revisión de los vehículos que acceden a Berlín, lo cual precisamente bloquea el tránsito terrestre de la ciudad.

Día 5: Los servicios de inteligencia norteamericanos detectan un extraño movimiento en la flota pesquera cubana que faena en aguas del Caribe. Posteriormente aviones de patrulla norteamericanos logran retratar el desembarco de unos trescientos hombres en la costa oriental del país y en la cercanía de la frontera con Costa Rica. En la madrugada del día seis la tropa desembarcada hace contacto con efectivos de la Guardia Nacional somocista. Dos aviones de la pequeña fuerza aérea nicaragüense fueron derribados por lanzacohetes portátiles que se disparan desde el hombro, y cuyos proyectiles persiguen a los aviones por el calor de los motores.

Día 6: Vuela en el puerto de Corinto un barco argentino que transportaba material de guerra. Las emisiones de Radio Nicaragua Libre son captadas con mayor nitidez por la onda corta y las emisiones en español de Radio Moscú difunden los partes de triunfo de la guerrilla nicaragüense. Se suceden los disturbios en las ciudades de León y Granada. Un pavoroso incendio destruye el mercado popular de Managua.

Día 7: Mauricio Solaum, Embajador norteamericano en Managua, sostiene una larga entrevista con el General Anastasio Somoza. A nombre de su gobierno el embajador Solaum le reitera la negativa del presidente Carter a suministrar ayuda militar al ejército de Somoza y le insta a buscar una salida política. Solaum, jurista, sociólogo, antropólogo, economista y viejo testigo de situaciones parecidas le advierte a Somoza que no dispone de mucho tiempo, puesto que la inteligencia norteamericana ha detectado serios síntomas de desconfianza y desmoralización entre la oficialidad media de la Guardia Nacional.

EL OJO DEL CICLÓN

Día 8: El INDE, un grupo privado desarrollista integrado por FUNDE y EDUCREDITO, propone la creación de una junta de gobierno que sustituya a Somoza. La Junta estaría integrada por miembros del Partido Conservador y delegados de UDEL.

Día 9: Muere en una emboscada el joven jefe del Ejército, Anastasio Somoza, hijo del dictador. Contaba 26 años al morir. Deserta un piloto de la fuerza aérea y en su huída ametralla la casa de gobierno. Anastasio Somoza, en rueda de prensa, visiblemente emocionado por la muerte de su hijo, anunció que seguiría al frente de la nación hasta las elecciones de 1981. Anuncia también que asume personalmente la dirección de la lucha antiguerrillera y acusa a La Habana de haber desembarcado hombres y armas. Los servicios de inteligencia norteamericanos han identificado a las tropas cubanas. Se trata de dos batallones de los conocidos como "Lucha contra bandidos", los dirige el comandante Víctor Drake. Son unidades especializadas en la lucha contraguerrillera.

Día 10: El gobierno en armas de la República Libre de Nicaragua (sandinista) pone condiciones al gobierno propuestas por el INDE y para detener la guerra civil. Primero, expatriación de Somoza. Segundo, desarme de la Guardia Nacional supervisado por una junta de los rectores universitarios y el episcopado.

Día 11: Llega a Miami una hermana de Anastasio Somoza. Al abrir las numerosas maletas los aduaneros descubren doce millones de dólares y una extensa colección de joyas. Un vocero del Departamento de Inmigración declara que no constituye delito el ingreso en el país de esa cuantiosa fortuna y que si el origen del dinero es espúreo, corresponde a los tribunales nicaragüenses dictaminarlo y pedir en su momento la extradición del delincuente y la restitución del dinero.

Día 12: Todos los vuelos internacionales están copados. Los fotógrafos han podido captar largas colas frente a la Embajada de Estados Unidos. La cotización clandestina del córdoba ha pasado de siete por dólar a treinta y cinco. Se habla de operaciones de hasta de cincuenta por dólar. La junta episcopal nicaragüense pide una entrevista a Somoza y le sugiere que entregue el poder y abandone el país. Un pelotón de la Guardia Nacional, al mando del capitán Ramón Mestre, se niega a disparar contra un grupo de estudiantes en la ciudad de Granada. El capitán Mestre huye antes de ser arrestado.

Día 13: Huelga general en el país. La Guardia Nacional, acuartelada, no sale a disolver las manifestaciones. Una columna de 119 hombres, al mando de Víctor Drake, entra en medio de vítores en la ciudad de León. El gobierno en armas de la República Libre de Nicaragua (sandinista) declara a León capital provisional de Nicaragua. José Abrahantes, embajador de Cuba en la ceremonia de instauración del gobierno promete la ayuda masiva del bloque socialista para la reconstrucción del país.

Día 14: Ultima noticia: el General Anastasio Somoza Debayle se ha quitado la vida. Haciendo uso de su pistola calibre 45, el General Somoza se efectuó un disparo en la sien. Dejó escrita una carta-testamento al pueblo nicaragüense en el que pide a sus conciudadanos el fin de la guerra civil y de todo derramamiento de sangre. El pueblo de Managua se ha lanzado a las calles alborozado, y los efectivos de la Guardia Nacional se suman discretamente a la celebración. Una columna del Frente Sandinista ha emprendido el camino de León a Managua. La dictadura de Somoza ha terminado.

28-3-78

HONDURAS Y OTRA NOTA DE MAL GENIO

UNO

Ahora que Honduras, herida por un mazazo terrible, comienza a enterrar a sus muertos, es el momento de las recriminaciones. ¿A qué vienen tantas proclamaciones de americanidad si los países "hermanos", cuando el cielo se cae a pedazos, no se vuelcan a fondo en el socorro? Ayer Managua tembló hasta su desaparición; antier se desplomaron los Andes peruanos; hace unos años el sur de Chile se hizo añicos. Ya sé que los gobiernos se apresuran a tender la mano, pero siempre la oferta es más o menos simbólica. Lástima que los símbolos no combatan las infecciones, no rehagan las casas derribadas y no den abrigo a los damnificados.

¿Qué catástrofe espantosa esperan los países latinoamericanos para organizar, de una dichosa vez, medidas de socorro tan constructivas y urgentes como devastadores son los ciclones del Caribe o los terremotos andinos? Me refiero a medidas preventivas eficaces: a hospitales aerotransportados, a especialistas en comunicaciones, a equipos adiestrados para el rescate, a almacenes de víveres y comida listos para atender cualquier demanda. Y luego los créditos para la reconstrucción, la ayuda técnica, todo eso que hace la desgracia menos larga y penosa. La OEA, que prácticamente no sirve para nada, ¿por qué no vertebra un instrumento de efectiva solidaridad y deja de ser un torneo de oratoria? ¿No es posible que los países latinoamericanos fomenten una especie de "seguro contra siniestros", con primas pagadas proporcionalmente por las naciones interesadas? Bien pudiera administrarlo el organismo hemisférico.

Duele saber que miles de hondureños —¡pobre pueblo cálido y fraterno!— pudieron salvarse si la botella de suero o la ración de agua y alimentos hubiera llegado a tiempo. Es una inmoralidad sin justificación saber de cierto que igual suerte correrán mañana miles de haitianos o de bolivianos y no hacer nada por evitarlo.

DOS

Gunnar Myrdal ha ganado el Premio Nobel de Economía. Si existiera el de la honestidad intelectual habría que dárselo. A través de toda su vida le ha llamado pan al pan y vino al vino sin que le dolieran prendas. Pero a lo que vamos: hace tiempo, en un trabajo marginal, el sabio sueco trató de desalentar a los países subdesarrollados que se encandilaban con el mito de la industrialización. Lo rentable —decía— para estos pueblos, era la agricultura, la minería, la ganadería y la industria primaria de conservas, cemento, ropa, calzado, etc. Nada de desangrarse en el intento inútil de fabricar locomotoras o automóviles.

A Latinoamérica esta prescripción le viene como anillo al dedo. No es posible la gran industrialización con tecnología propia en países donde los centros de investigación abundan menos que las jirafas. Todo está torcido: no hay capitales, y los que hay no investigan; la universidad no piensa, sólo repite; la industria no innova. ¿Cómo diablos creer entonces en la industrialización?

Es doloroso que se nos digan estas cosas, pero más dolorosos son los cabezazos contra la pared. Argentina, en la búsqueda de un puesto entre las naciones industriales, ha subaprovechado su capacidad agrícola y ha mermado la ganadera. Ahora, en medio de la crisis económica, se ve que es posible prescindir de los automóviles, pero no del trigo o de la carne. A fin de cuentas más rica es Nueva Zelanda o Australia, que no exportan locomotoras sino leche y queso, que Brasil, empeñado en fabricar unos aviones en los que nadie confía o unos coches más caros y peores que los de las casas matrices.

¿Estamos, por lo tanto, para siempre condenados al arado? Más o menos. Mientras no enderecemos todo lo torcido formaremos parte de ese noventa por ciento subsidiario del Primer Mundo. Es cosa de mucho tiempo. Hace ciento cincuenta años que las naciones hoy industrializadas comenzaron su despegue, y esto asentado sobre un substrato ideológico de siglos de sedimentación. No es posible improvisar. Las industrias no son hierros, pistones y engranajes, sino el extremo más visible de una sutilísima tradición que, mientras se urde, hay que ir comiendo, o nos morimos de hambre en la demanda. Esto fue lo que el sueco trató de decir. Y lo dijo, claro.

18-10-74

EL ASESINATO DE VON SPRETI

Todos recordamos la noticia escueta: un grupo castrocomunista de Guatemala asesinó a un diplomático alemán de cuatro balazos en la cabeza. Von Spreti era un hombre enfermo. Von Spreti era un hombre indefenso. Von Spreti no era siquiera enemigo de sus secuestradores. El crimen deja como secuela una agria disputa entre dos naciones amigas; una viuda adolorida y un chiquillo de doce años que estrena su absurda soledad tratando inútilmente de explicarse la muerte de su padre.

Pero la muerte de Von Spreti deja también un rumor continental de indignación. Y la indignación no debe solamente proyectarse, como una sombra vergonzante, sobre las cabezas de los infames asesinos. La indignación debe caer sobre los millones de seres humanos que en ésta, nuestra pobre América, han rendido un culto brutal y primitivo a la violencia. El horror debe sobrecoger a la infinita caravana de ciudadanos que rechazarían la imposición del yugo totalitario pero, contradictoriamente, admiran a los instrumentos del totalitarismo.

A los que "simpatizan" con Guevara y repudian al comunismo; a los que han idealizado a Douglas Bravo "porque es valiente", no obstante que ese valiente ahogaría en sangre al vigoroso pueblo de Bolívar. La vergüenza debe conmover a todo el que torpemente ha entregado su corazón al bárbaro y atávico mito de la valentía. La valentía *per se* nada significa. Admirar a un hombre "porque es valiente" sin detenernos a meditar sobre el objeto de su valentía es responder a las voces oscuras de nuestros más remotos instintos animales. La valentía no puede ser otra cosa que un instrumento de los más elevados intereses del hombre. Tiene que ser una herramienta del bien. Si lo es del mal no es más que salvajismo. Detrás de la pistola que mató a Von Spreti están todos los que con su absurda, ingenua y bárbara devoción por la violencia han alentado esos crímenes.

Adofo Hitler peleó hasta su última trinchera y allí se quitó la vida. ¿Cuántos admiran el "valor" del despiadado tirano? Casi nadie cae en esa trampa que tiende la emoción porque la información disponible ha hecho patente que el nazi-fascismo resultaba una espantosa pesadilla y sus "valientes" cabecillas una banda de asesinos enloquecidos. Pues bien, los "tupamaros" de Uruguay, los "bandidos" de Colombia, los "panteras negras" de New York, las guerrillas de Ernesto Guevara y las de D. Bravo son exactamente iguales a los asesinos de Von Spreti; y todos están hechos de la misma sustancia "valiente y decidida" de los nazis. Y admirarlos, justificarlos, es más o menos lo mismo que aplaudir el paso de ganso de las tropas de asalto alemanas. Es el horrendo encumbramiento de la fuerza bruta, del crimen, del atropello. Solidarizarse con esta conducta es renunciar a la aventura humana y sumarse al más craso bestialismo.

Hoy, ante el crimen sin justificación de Von Spreti, América se conmueve. Ojalá que el crimen del diplomático germano abra los ojos a los millones de latinoamericanos que practican, pasivamente, la liturgia de la violencia. Ojalá les llene de asco. Ojalá se cubran de vergüenza y rectifiquen. Los guevaras, los tupamaros, las "panteras negras", sin el estado de opinión que levantan con su exaltación de los más bajos instintos del hombre, despojados del halo místico que la estupidez humana les confiere, quedan reducidos a su mezquina y exacta dimensión de chacales. ¡Ojalá que la sangre de Von Spreti disuelva la costra de héroe que oculta a un puñado de asesinos! ¡Ojalá que los hijos de América hispana sean aptos para la cólera santa, para la indignación justa, para la ira apasionada y vehemente en defensa de las causas nobles! No serviríamos como pueblos si no fuera así. Las hábiles manipulaciones psicológicas de un grupo de fanáticos nos habrían castrado. Y los eunucos no merecen vivir.

1964

PANAMA: YA ES HORA

Nixon y Kissinger —esa realista pareja que todo lo entiende y que a todo se aviene— ¿necesitarán ametrallar mil panameños o perder cien policías para abandonar la dichosa Zona del Canal? Panamá no tiene petróleo para chantajear, ni fuerzas para la guerrilla, ni es respaldo del bloque soviético. Panamá sólo tiene razón. Poca cosa en este mundo de bravucones. ¿Será que el realismo nixo-kissingeriano —esa inteligente voluntad de compromiso— sólo aparece ante la fuerza?

La segunda mitad del XIX vio el triunfo de los barcos de vapor y la conquista del oeste en Estados Unidos. A estas dos circunstancias fortuitas debe Panamá su existencia y la fabricación del Canal. Por aquellos años el capitán Alfred T. Mahon publicó un libro clave en el destino de los yanquis: *La influencia del poder marítimo en la historia (1660-1783)*. De su lectura extrajeron los políticos y militares norteamericanos la certeza de que una marina pujante era el inexcusable requisito del futuro imperio. Como la navegación a vapor exigía combustible, lo obvio era crear una red internacional de "carboneras". Puede decirse que de aquellas carboneras originales surgió el actual sistema defensivo de bases norteamericanas.

La conquista del oeste creó la necesidad de unas rápidas comunicaciones entre la costa Atlántica y Pacífica, y dada la extensión continental de Estados Unidos y lo azaroso del trayecto, la navegación interoceánica resultaba el método más seguro y económico. La aventura de Walker en Nicaragua, con su puñado de gringos y su guardia de hierro cubana, al mando de Domingo Goicuría, es una buena muestra de esta búsqueda de un paso rápido (y deshonesto) entre los dos océanos. El objetivo, al cabo, se logró con Panamá.

Pero es el caso que aquellas realidades decimonónicas apenas tienen vigencia en nuestro minuto de "jets" y de flotas nucleares. Mantener la Zona del Canal bajo soberanía norteamericana, en virtud de los leoninos tratados de principios de siglo, no sólo es una arbitrariedad y un anacronismo, sino una burla al aliado eficaz que ha sido Hispanoamérica. El momento puede ser propicio para presionar sobre Washington. Un Nixon medularmente pragmático y un Kissinger realista y calculador deben darse cuenta que llegó la hora de arriar la bandera y liquidar un fantasmal engendro del siglo pasado. A no ser que requieran el absurdo sacrificio de un chorro de sangre y el correspondiente escándalo internacional. ¿Por qué demandar esa cuota de martirio del pequeño Panamá? ¿Por qué no resolver *ya*, honorablemente, lo que mañana puede convertirse en un lamentable matadero?

27-12-73

REAGAN, KAFKA Y EL CANAL DE PANAMA

Ronald Reagan, ex gobernador de California y tenaz candidato a la Casa Blanca, mantuvo a lo largo de su campaña que Estados Unidos no debe entregar el Canal de Panamá a los panameños porque "nosotros —los norteamericanos— lo compramos, lo construimos y nos pertenece".

Si Kafka hubiera optado por ser americano, en lugar de checo, habría sido presidente de Estados Unidos. Nadie le ganaba en fantasía. La tarea más difícil de los candidatos a la presidencia norteamericana consiste en precisar en qué no están de acuerdo con el adversario. Para hallar una brecha hay que disfrutar de una imaginación alucinada. Lo más parecido que hay a un demócrata es un republicano. Son como dos gotas de Coca-Cola.

La uniformidad de ese país incluye el reñidero político. No hay *ideologías,* como en Europa o Latinoamérica; no hay planteamiento de fondo. Ni siquiera reformismo. Eso debe ser bueno, pero es aburrido. El sistema se remienda, no se reforma, y mucho menos se cambia.

Se discute única y exclusivamente cómo se distribuirá el presupuesto y la extensión del aparato burocrático a cargo de distribuirlo. De ahí que cada cuatro años haya que hilar muy fino para lograr acuñar un perfil político con posibilidades de triunfo. El asunto consiste en aislar uno o varios "issues" —temas de debate— y tratar de apasionar en ese sentido a unos votantes a los que en el fondo les da lo mismo una que otra cosa.

Para el trajín electoral suele cogerse la política exterior. Kennedy derrotó a Nixon acusándolo de "debilidad" en el caso de Cuba. A esa crucial elección de 1960 se trajo por los pelos otro "issue" increíble: si se debía o no admitir el bombardeo de los islotes chinos de Matsu y Quemoy, deporte en el que en días alternos se entretenía el aburrido señor Mao Tse Tung.

Todo esto me lo trae a la memoria el súbito y demencial arranque *jingoísta* de Reagan en defensa del Canal de Panamá. Para ganarle a Ford cualquier codazo parece bueno. Está permitido hasta darle un golpe bajo con una exclusa canalera. La política —ya se sabe— es mucho más ruda que el boxeo.

Pero no creo que el "issue" canalero surta efecto. Al americano de carne y hueso le importa un pito Panamá, el Canal y las tribulaciones de los aterrados "zoneros". Esa es una pasión remota de la antediluviana era de Teddy Roosevelt. Salvo los norteamericanos de más de ciento catorce años —treinta y dos, según el último censo— nadie mostrará síntomas nacionalistas. En todo caso hay que agradecerle al muy "camp" señor Reagan que no emprendiera otra guerra contra los sioux o que no atacara al biznieto de Mr. Toro Sentado.

Mr. Ronald Reagan fue un actor mediocre, un gobernador mediocre y ahora amenaza con ser un presidente mediocre. No lo será. Probablemente Washington padezca a Carter o a Ford otros cuatro años, pero no a Reagan. Afortunadamente ese gran país resiste a cualquier presidente. Hasta al pobre Eisenhower.

La presidencia de Eisenhower solucionó tres patéticas incógnitas fisiológicas: primero, probó que es posible jugar golf durante ocho años sin sufrir un esguince; segundo, demostró que es factible reírse continuamente durante dos períodos presidenciales sin que se desprenda la mandíbula inferior; tercero, al fin se supo que ni el golf ni el humor evitan los infartos.

Pero además de estas asombrosas revelaciones se produjo un descubrimiento igualmente notable: Estados Unidos no necesita Presidente. Ripley no se lo hubiera imaginado. Evidentemente, *I don't like* Ike. Ni Reagan, ni Ford, ni Jackson, ni Humphrey. Ni siquiera Udall, que era el más talentoso.

Pero volvamos a lo del Canal. Si el razonamiento de Mr. Reagan es correcto, Estados Unidos corre el riesgo de que España reclame San Agustín, o Francia el "latin quarter" de New Orleans. Parece evidente que España y Francia compraron y construyeron esos sitios. Mr. Reagan se está metiendo en camisas de once varas. Con su *boutade* jingoísta a lo mejor provoca el relanzamiento de España como potencia imperial. Al grito de "Remember Santiago" los españoles pueden intentar apoderarse de San Agustín. Quién sabe.

Pero este artículo no es exactamente para hablar de Reagan, sino del Canal. Pueden estar tranquilos los panameños. Nunca han estado más próximos a recuperar la Zona que ahora que Reagan ha aireado el asunto. El hecho de que un candidato con escasas posibilidades se aferre a la intransigencia favorece a los panameños. Con Reagan será derrotada la intransigencia canalera. La mejor prueba de que al pueblo norteamericano le tiene sin cuidado el asunto del Canal será el fracaso de Reagan.

Los panameños, claro, tendrán que seguir negociando. Pedirle paciencia a un pueblo que lleva setenta años mortificado es casi un acto de crueldad, pero no hay otro camino que la negociación política y el "lobby". Me sospecho que los panameños no han sabido usar correctamente esa curiosa institución norteamericana del "lobby".

Para los que no saben por dónde van los tiros, aquí va la explicación: en el contexto norteamericano es perfectamente legítimo que sectores o naciones extranjeras organicen grupos de presión que convenzan a los políticos con capacidad de tomar decisiones.

Ningún pueblo ha tenido más astucia y talento para aprovecharse del "lobby" americano que Israel. Su propia fundación se debió a la presión constante sobre Truman y su administración. Su supervivencia en gran medida ha sido posible por el inteligente sostén de la causa israelí más allá de los propios intereses norteamericanos.

Panamá, a escala, tiene que aprender de los israelíes a utilizar el "lobby". Si a fin de cuentas el surgimiento de Panamá como país independiente está vinculado a negociaciones con Estados Unidos, no irá tan descaminado quien aspire a que por ese medio se resuelva el problema. Lo que no conducirá a parte alguna es un enfrentamiento militar, en el que a todas luces los panameños llevan las de perder.

El camino a tomar es doble: "lobby" en Washington y "lobby" en las cancillerías del hemisferio para lograr una presión continental sobre Washington. El apoyo hemisférico, claro, exigirá una clara renuncia del gobierno panameño a concertar su estrategia con La Habana. Cuba no cree en otro medio que la violencia y no busca otro objetivo que la confrontación. Es el peor aliado que podrían buscar los panameños.

A Castro, en Panamá, no se le ocurriría otra fórmula que la que ha empleado en Guantánamo. Rodear la base de artillería y casamatas. Esa estrategia ha sido costosa e ineficaz. ¿Cómo puede Cuba enseñar a Panamá el camino de la recuperación del Canal si La Habana no ha sido capaz de recuperar Guantánamo?

El señor Torrijos debe meditar sobre esta elemental evidencia. Y olvidarse de las bravatas del atribulado señor Reagan. Es pura gritería electorera.

20-5-76

PERU Y BOLIVIA

PERU: SILENCIAR LA OPOSICION

En América, lamentablemente, es frecuente que las dictaduras le echen cerrojo a la prensa. En Perú hay una dictadura distinta y le han echado un cerrojo distinto. Por una curiosa y retorcida ley, los diarios con una tirada mayor de 20.000 ejemplares han pasado a disposición del "pueblo". (Las comillas no son irónicas sino escépticas). *La Prensa* ha ido a parar a manos de "los intelectuales". *El Comercio* a "los campesinos", y el resto de los rotativos ha pasado a otras abstracciones sociales más o menos vaporosas. Las revistas, por ahora, pueden continuar siendo independientes, pero tanto *Caretas* como *Oiga* luchan con obstáculos y presiones cada vez mayores. A largo plazo sucumbirán. Lo verdaderamente original de la revolución peruana no es esa misteriosa vía "no-capitalista no-comunista" —y por lo visto no-tolerante— sino su paciencia para aplastar a sus adversarios. Sin prisa, y sin tregua la Junta ha ido desarbolando la estructura económica burguesa, desarmando todo vestigio de democracia organizada, desde el parlamento hasta los sindicatos, liquidando al "antiguo régimen" a *tempo lento* pero inexorable.

El más aireado argumento —viejo, por cierto, como Trujillo, Fidel o Hitler— es que los diarios no respondían en realidad al "pueblo", sino a la camarilla que los poseía, y en consecuencia defendían esos particulares intereses. Habría que preguntarse, en primer término, de dónde han sacado estos señores la peregrina idea de que la prensa debe ser "representativa" del pueblo. Para eso, para representar, existen los parlamentos, los consejos municipales, los cuerpos deliberativos libremente electos. Más valiera que la Junta, tan preocupada por la legalidad de los mandatos, convocara a elecciones y comenzara a legitimarse a sí misma. La prensa cumple otra función social. El redactor de un editorial o de un artículo de fondo no necesita para emitir sus ideas otra justificación que su libérrimo deseo. Es obvio que sólo unos pocos ejercen su derecho a expresarse públicamente, pero esos pocos, para lograr ascendencia en la opinión pública, sin duda alguna deben interpretar el criterio de grandes mayorías. Es exacto que *El Comercio* y *La Prensa* eran periódicos orientados a la derecha del centro, pero no es menos cierto que los centenares de miles de lectores con que contaban se sentían identificados con esos periódicos. Que en Perú hay una vasta burguesía es algo que nadie puede negar, y ahora esa robusta masa ciudadana ha sido privada de sus órganos de difusión. Una camarilla de izquierda, a nombre de "los intelectuales", "los campesinos", "los obreros", ha usurpado sus instrumentos de expresión. De que la intención era silenciar la oposición, aunque juren que se trata de darle participación al pueblo, hay una prueba innegable: ¿por qué la Junta, con todos los resortes del poder en sus manos, con la hacienda pública a su disposición, no creó diarios *nuevos* para "campesinos" o "intelectuales"? ¿Por qué tuvo que confiscar unas empresas que-no-representaban-a-nadie? La oposición ha quedado desarmada. Y ese era el efecto que se buscaba. Ni la derecha, ni el centro, ni la burguesía, ni la izquierda democrática —el APRA— pueden hoy contar con un periódico que denuncie las arbitrariedades y responda a sus intereses. Todos, en virtud de la confiscación, estarán entonando palidonias en favor de la Junta. Esta crónica, por ejemplo, no aparecerá publicada en *El Comercio,* periódico que habitualmente recogía mi columna sindicada. Al censor de "los campesinos" —¿será el mismo de "los intelectuales"?— le molestará. La ley confiscatoria dice que habrá libertad de expresión "dentro de los parámetros de la revolución". La expresión, de una barroca cursilería, deja la puerta abierta a cualquier arbitrariedad. Mañana los "parámetros" se irán estrechando hasta que la más mínima crítica sea tildada de contrarrevolucionaria y traidora. Es una vieja historia que se repite hasta el cansancio.

Tras este atropello no creo que queden en América muchos demócratas con simpatías por la vía "peruana". No sé si es no-capitalista y tampoco estoy seguro que sea no-comunista, pero de lo que no me caben dudas es de que se ha embarcado en el totalitarismo.

17-8-76

¡OH PERU, POBRE PERU!

La comedia creo que se llamaba *¡Oh Papá, pobre Papá, mi mamá te ha metido en el closet...!* Etcétera, etcétera. Tengo una pésima memoria para esto de los títulos. Pero en fin, se trata de hablar del Perú. Los militares han armado tal desbarajuste en ese país que la frase "vale un Perú" hoy sólo puede aplicarse a objetos de menos de diez dólares.

Los militares peruanos se pusieron a jugar al marxismo. En Perú los militares tienen una vieja tradición juguetona. Cada vez que juegan a la guerra acaban perdiéndola. La aviación jugaba a manejar Mirages y terminó diezmada por sus propios pilotos. Para derribar un Mirage no hace falta un Phantom, un Mig-25 o un cohete SAM 2. Basta con un piloto de la fuerza aérea peruana. Son infalibles.

La Marina por el estilo. Cada vez que el submarino peruano se sumerge —porque tiene un submarino que se sumerge y todo— los almirantes se ponen a rezar, el Presidente aguanta la respiración, como si él fuera el de la inmersión, y se organiza la de Dios es Cristo. Cuando el bicho emerge hay aplausos, perplejidad y recibimiento de héroes.

Pero seamos justos: no todo ha sido desastroso en los asuntos manejados por los militares peruanos. Durante décadas, por ejemplo, tuvieron un éxito ejemplar en el sostenimiento de la oligarquía y en la imposición de dictaduras. Ese ejército no ganaba guerras y al que no se le daba muy bien la electrónica bélica, era eficacísimo impidiendo el acceso de los apristas al poder. Pocos ejércitos han derrotado la voluntad popular con tanta tenacidad como el peruano.

Y bien, estos señores habían inventado una tercera vía. Debe haber sido una vía de agua, puesto que el país se hunde en la inflación, el desempleo, la miseria y los abusos. Perú vive uno de los momentos más críticos de su historia. Y todo porque el enésimo golpe militar no pudieron darlo en nombre de la paz y el orden y lo dieron en nombre de un marxismo trasnochado de colectivismo y retórica cuartelera. Al cabo de cinco años de jugar a la Revolución el país está al pie del colapso y las masas bordean el hambre.

En esta tesitura sólo caben dos opciones. O la respiración artificial para revivir el cadáver, con marcha atrás y elecciones democráticas que se lo echen encima, o barrer el cadáver bajo la alfombra e impedir cualquier queja de las víctimas. Me explico. O los militares peruanos organizan una rápida retirada —en las que históricamente son maestros— y entregan el poder a los civiles y allá que se las entiendan ellos (caso Portugal), o se internan en el totalitarismo y la represión para silenciar la gritería (caso Cuba). Pero lo que no le es dable a la Junta es pretender seguir hundiendo al país impunemente.

La lección peruana debería ser aprendida por los militares de América. Si en Latinoamérica existe un profesional mal adiestrado para entender los asuntos de gobierno es el militar. Su mentalidad ha sido forjada en la arbitraria disciplina de los cuarteles, en el respeto a jerarquías autoritarias, en el acatamiento de unos valores primitivos. No es eso, claro, lo que necesita un país. No es eso.

17-8-76

LAS CARCELES POLITICAS DE AMERICA

En nuestra nómina de indignidades americanas acaso la más repulsiva sea el tratamiento inferido a los presos políticos. Donde no se insulta y patea se tortura y se veja. El adversario —delincuente político, terrorista o simple enemigo— es sometido en numerosos países al más bárbaro maltrato. En Europa todo esto se sabe (y se ignora), hasta que cae, como un mazazo, alguna denuncia con nombre y apellido. No es lo mismo la certeza melancólica de que en América "se" mata (ese "se" impersonal y frío) que conocer el nombre y las circunstancias de la víctima. El torturado que se nos mete en el alma es ese que se llama Juan o Pedro, que tiene dos, tres, o ningún hijo, y al que en algún rincón enrejado de Latinoamérica un esbirro enloquecido le pateó los testículos, le sacó los ojos o lo mató a golpes. La piedad y el horror no se desatan por entes abstractos, sino por perfiles conocidos, por rostros imaginables, por carne chamuscada a la que un día sus prójimos le adjudicaron un nombre o un mote cariñoso.

Todo esto viene a cuento de una denuncia llegada a mi mesa de trabajo, y supongo que a la de centenares de periodistas, diplomáticos, políticos y escritores de Europa. La firma José María de la Jara Ureta, un exiliado peruano, pobre y apasionado, y viene acompañada por un estremecedor reportaje de la revista limeña *Oiga*, dirigida por Francisco Igartúa, del 6 de septiembre de 1974. No hay duda: en el Perú de la revolución se tortura y veja a los detenidos. Un golpe militar que se hizo supuestamente en nombre del decoro y la justicia, ha traicionado sus promesas empleando a fondo celdas inmundas, golpeaduras, detenciones arbitrarias y otros incalificables atropellos.

Pero al menos en Perú queda una esperanza de rectificación, mientras *Oiga* pueda denunciar desde dentro del país y conmocionar a la opinión pública. En Brasil, Paraguay, Haití o Cuba lo que el exiliado De la Jara condena airado es cosa de todos los días, pero sin la posibilidad solidaria de una *Oiga*. La muerte silenciosa, sin eco, salvo el alboroto inaudible de los exiliados, es tal vez el mayor desconsuelo de las víctimas. Esa noción de desamparo, y hasta de inutilidad del sacrificio, que padece el detenido brasilero cuando su verdugo lo machaca lentamente es casi tan dolorosa como las torturas mismas. En Cuba, en el Castillo del Príncipe —tenebrosa fortaleza colonial— hace muchos años que doce hombres viven confinados en celdas solitarias. Son comandantes y capitanes de la revolución a los que la dictadura teme especialmente por su ascendencia en el pueblo y el respeto que despiertan entre los veteranos de Sierra Maestra. Algunos nombres: Hubert Matos, Eloy Gutiérrez Menoyo, Ramón Guin, Jorge Valls, Alfredo Izaguirre, César Páez, Ramón Quesada... Ni siquiera se desconocen los nombres y seudónimos de los verdugos inmediatos —"Barba Roja" Piñeiro, Ramiro Valdés, Luis "Marihuana"—, pero sin que la impudicia del crimen logre atenuarlo. Estos hombres, día a día, sistemáticamente, son golpeados por sus carceleros. Gutiérrez Menoyo ha perdido un ojo y prácticamente no oye. A Izaguirre —el más débil, el más estoico, apenas cien libras— le arrancaron los dientes de un culatazo. Y yo me acuerdo del verso terrible y hermoso de Miguel Hernández "en un trozo de carne cabe un hombre". Todo esto pudo contarlo Ricardo Cruz Font, que estuvo con ellos y que sufrió lo mismo, y que todavía, indignado, enseña las huellas de los golpes y la fea cicatriz de la cabeza "que-no-me-pudieron-coser-porque-tenía-los-tejidos-macerados".

América —grandes porciones— es todavía así. Hace bien De la Jara en levantar su voz insumisa. Hace bien *Oiga* en denunciar. Tal vez algún día se erradique la barbarie. Que no diga la Junta peruana que *Oiga* da armas a los enemigos. Son los sicarios, con sus torturas, quienes las proporcionan. Silenciar los crímenes es una manera de estimularlos.

26-9-74

SUDAFRICANOS A BOLIVIA

Bolivia quiere importar sudafricanos. Se lleva —si la dejan— ciento cincuenta mil rodesianos y *afrikaners* para poblar sus regiones desérticas. Lo más probable es que no la dejen. La demagogia, el marasmo y la bobería impedirán el trasvase de esos hombres, de sus capitales, de su *know-how*. De nada servirá el elocuente ejemplo de los japoneses instalados en Brasil o de la fecundísima experiencia italiana en Argentina. De nada servirá el "caso" de Estados Unidos. Probablemente la vocinglería patriotera le caliente el seso a un general y adiós proyecto. Ya no estamos en los tiempos de Sarmiento y de Alberdi. Tiempos en que gobernar era poblar, pero poblar selectivamente, con inmigraciones pastoreadas desde Europa. Sudafricanos y rodesianos son hoy los únicos europeos dispuestos a liar el petate. Llevárselos a Latinoamérica, trillarle las vías y organizar una incesante caravana de estos sujetos me parece una de las más rentables e inteligentes operaciones del siglo XX.

Donde tal vez se equivoque el Gobierno de Banzer es en concentrar en una zona a estos inmigrantes. Lo inteligente es regarlos por todo el territorio. Bolivializarlos desde el principio. Lo sensato es aprender de la experiencia israelí. Israel es como un delta de aluvión a donde han ido mudándose las gentes más diversas. Marroquíes, yemenitas, turcos, alemanes, checos, polacos, españoles, débilmente unidos por leyenda y prepucio, han devenido *israelíes*. Pero el Estado se ha ocupado de dotarles de un idioma y de evitar —en lo posible— el enquistamiento de etnias particulares. Es bueno que fluyan los sudafricanos hacia la selva boliviana. Pero mejor será que al cabo de una generación el *afrikaner* haya dado paso a un boliviano. Si no funciona con eficacia el *melting-pot,* Bolivia estará fomentando dificultades a largo plazo. Hay que aprender de Caracas, ciudad-crisol donde los extranjeros se esfuman en una generación, y en su lugar, como en los actos de magia, aparecen unos venezolanos perfectamente arraigados. En esa Venezuela de inmigrantes sólo ha fracasado un lunar albino y extraño que se llama la Colonia Tovar. Es un pequeño reducto alemán a pocos kilómetros de Caracas. Son apenas unos centenares de teutones aferrados a su idioma, a sus costumbres y a la endogamia. El grotesco espectáculo es algo así como la venganza latina contra el Tercer Reich. Es el infra-ario hablando un alemán acanallado y vendiéndoles baratijas a los turistas. Por una vez —ya era hora— los rubios ponen el zoológico y los prietos tiran el maní. (Tanto *Mi lucha,* Adolfo, tanto super hombre, para acabar friendo arepas en Venezolandia).

El argumento en contra de esta emigración a Bolivia viene dado por el carácter racista y conservador que puede suponérsele a rodesianos y sudafricanos. Es probable que esto sea cierto, pero también es cierto que no van a un continente democrático y liberal. Nuestros países están enfermos de racismo. Blancos, mestizos, indios, negros y todas las posibles combinaciones raciales se rehúyen, detestan o envidian secreta o públicamente. Nuestro racismo es de los peores, porque no lo mencionamos, pero está en la raíz misma —pudriéndola— de nuestras naciones. La actitud de los blancos de Africa del Sur, brutal y frontalmente anti-negra, es, por lo menos, más fácil de combatir. Nuestro racismo, en cambio, sutil y oculto, ausente de las leyes, pero no de las costumbres, camuflado en la palabra liberal y en la evocación de Bolívar, Hidalgo o Martí, subyace inexpugnablemente instalado en las conciencias. Estos inmigrantes que ahora pretende importar Bolivia tal vez —no lo sé— traigan el corazón enfermo de otro racismo, pero también traen virtudes ciudadanas de las que no estamos ciertamente sobrados. Inglaterra y Holanda, junto con el racismo, les enseñaron el respeto a las instituciones, la tolerancia, la práctica parlamentaria, el diálogo civilizado. De todo eso necesita este amargo continente nuestro.

10-1-78

OTRA ESTUPIDEZ LATINOAMERICANA

No tengo a mano los datos de la actual corriente migratoria del cono sur, pero cientos de miles de argentinos, chilenos y uruguayos están desplazándose hacia Europa y Estados Unidos en busca de mejores destinos. Primero, el desbarajuste pretotalitario de Allende y Perón, y luego los crímenes de Pinochet y de los militares argentinos y uruguayos, han puesto en fuga a una masa importante de hombres y mujeres ávidos de llevarse pan y no hormigas a la boca. La mayor parte de esta emigración pertenece a los sectores sociales medios, es gente notablemente instruida y tiene unos magníficos hábitos de trabajo. Cada uno de estos obreros especializados, maestros, vendedores y profesionales vale una fortuna en términos de educación y experiencia. En América todos estamos de acuerdo en que el mayor grado de desarrollo del continente, las más complejas sociedades modernas, se habían logrado precisamente en el cono sur. Estos cientos de miles de hombres pertenecen a los estratos más útiles de esa región.

Bien, ¿cuántos países de América Latina han tratado de atraerse a esta valiosa emigración?, ¿cuántos países han creado programas de asentamiento? No es válida la excusa de la pobreza y el desempleo. El desempleo crónico latinoamericano no tiene que ver con los médicos o los maestros, sino con los peones, y en esta masa migrante apenas los hay. La pobreza tampoco es excusa. El costo de atracción y asentamiento de estos hombres y mujeres siempre sería infinitamente menor que los beneficios que producirían.

Hace mucho tiempo que los economistas saben que la mayor riqueza de los pueblos no es la que les otorga la naturaleza, sino la que genera la propia sociedad con su sistema educativo. Estos emigrantes traen su capital, su enorme capital, depositado en el cráneo. No vienen a pedir, sino a dar. ¿De qué vale el llanto ridículo sobre el robo de cerebros cuando no somos capaces de atraer los que se nos ofrecen? ¿Qué castigo merece el gobernante que reconoce que en algunas regiones de su país los enfermos se mueren sin atención médica y los niños no tienen maestros, y no se les ocurre buscar médicos y profesores entre unos vecinos ávidos de trabajo? Hace quince años medio millón de cubanos salió rumbo a Estados Unidos porque sólo Estados Unidos —y a escala, Venezuela— les abrió las puertas. El resto de América —esa insolidaria y torpe América nuestra— les viró las espaldas a tres mil médicos, cinco mil ingenieros, ocho mil maestros, veinte mil abogados, etc., etc. Hoy se repite un fenómeno parecido con emigrantes del cono sur. ¿Hasta cuándo en América Latina perdurará ese estúpido parroquialismo? ¿Hasta cuándo?

20-9-77

CHILE

CHILE O EL DERECHO AL HARA-KIRI

1. *El derecho al Hara-Kiri*

Los códigos occidentales de justicia se equivocan de medio a medio al penalizar al suicida. El ser humano, ya que no escoge su cita con el partero, debiera, al menos, decidir la del funerario. El privilegio que se le niega al hombre se le concede, en cambio, al sistema político-económico que le rodea: la democracia puede rasgarse el vientre cuando le plazca a la mayoría (relativa o absoluta, puros formulismos). Chile ejerció ese derecho y todos —ejércitos, curas, capitalistas, derechas, izquierdas, francmasones, rotarios y coristas— deben respetarlo.

El juego democrático tiene sus riesgos y servidumbres. En Chile había llegado la hora de profundas transformaciones. La alternativa era entre modificaciones sustanciales llevadas a cabo por un régimen democrático y respetuoso de los derechos humanos o cambios encharcados en los dogmas marxistas y ejecutados a punta de bayoneta. La derecha creyó poder romper la disyuntiva desempolvando la prestigiosa figura de Alessandri. La derecha jugó a la democracia y jugó con la democracia. Perdió. Pero, además, perdió Chile. Ahora lo prudente es pagar la apuesta y ponerle el hombro a las estructuras democráticas para ver si resiste el empellón de los comunistas. Afortunadamente, Chile no es la Cuba de 1959: los partidos políticos, sus instituciones, las fuerzas armadas, acusan un vigor y un prestigio que no existía en la alborada castrista. Fidel llegó al poder con el respaldo del 99 % de la población, con un ejército hecho a su medida y con un país asqueado de la corrupción republicana. Sólo así se explica la sovietización de la Isla. No había defensas naturales contra la infección. No hay la menor duda de que los elementos más radicales del ala allendista intentarán llevar el país a la esfera comunista, pero para hacerlo deberán contar con la anuencia de los demócratas cristianos y éstos le negarán su concurso.

2. *Salvador y ¡sálvese quien pueda!*

Cuando los Testigos de Jehová decían que el Salvador llegaría entre trompetas y gritos de angustia probablemente se referían a Salvador Allende. Tal vez lo civilizado hubiese sido que los capitalistas chilenos hubieran dado una fiesta al triunfador marxista y, como "gentlemen", le hubieran entregado sus propiedades y sus dineritos —o dinerazos—, pero no era de esperar que tal cosa ocurriese. En el mundo económico chileno cunde el pánico. Las monedas vuelven a las botijas prebancarias; las acciones bajan de precio incontrolablemente y el caso financiero se desliza por el largo y flaco país como por un colosal tobogán. Los sindicatos controlados por los comunistas comienzan a afilarse los dientes. (Esta metáfora resulta paradójica; a la media hora de haber confiscado la empresa es cuando comienza a escasear la comida). Los intereses norteamericanos en Chile —mil millones aproximadamente— tragan en seco. Washington no hará nada porque no puede y porque mil millones es lo que gastan las amas de casa yanquis en alimentar a sus canarios los fines de semana.

3. *Allende, una figura tragicómica. Traición o... traición*

Es el cuento de Pedro y el lobo, pero al revés, narrado desde la perspectiva del lobo (lupina, diría un pedante). Se pasa uno cuarenta años asediando la casa de Pedrito, aullando, amenazando con tragárselo vivo... y resulta que un día Pedrito le abre la puerta para que entre, pero con la condición de que se comporte como un perrito faldero. Y rezongando, el lobo —bueno, manso y probo, diría Darío— accede a ponerse el inofensivo bozal. Allende se pasó treinta años jugando al lobo marxista pero con procedimientos democráticos. Era un torero en un partido de fútbol. Para patear la pelota tenía que soltar el trapo rojo. Las concesiones iban acumulándose: primero renunció a la dictadura del proletariado; luego aclaró que presidiría un *gobierno* socialista, pero no un *sistema* socialista; recientemente ha dicho que su régimen no será marxista. En otras palabras: si se atiene a sus promesas no hará otra cosa que cumplir con el programa de gobierno de Rodomiro Tomic. Esto, en buen romance, quiere decir que traicionará al marxismo. Pero es probable que incumpla sus promesas. Sus treinta años de dogmatismo marxista deben haberle acondicionado sus reflejos; por otra parte, los comunistas chilenos no van a dejar pasar la única oportunidad —y no se repetirá— de perpetuarse en el poder. El precario triunfo de Allende será caprichosamente interpretado como un mandato popular para convertir Chile en otro satélite de Moscú. En el forcejeo surgirá el golpe militar, la guerra civil, o la imposición del comunismo. La alternativa de Allende es clara: traiciona a su religión y a sus correligionarios o traiciona a la inmensa mayoría del pueblo chileno.

16-9-70

EL DEDO ACUSADOR DE CHILE

Suponga el lector —que es hombre imaginativo— que el Presidente Allende conduce al país hacia un socialismo realmente democrático. Suponga que a trechos ha ido renovando la adhesión de los chilenos mediante referendo, elecciones, consultas y demás instrumentos del ingenio republicano. Suponga que logra desmontar la máquina capitalista y sustituirla por la comunista sin que el país sufra un colapso económico. Suponga también que mantiene una política exterior independiente, con el respeto de tirios y troyanos. En otras palabras —prometo que es la última suposición— suponga que el experimento "a la chilena" culmina felizmente. ¿Qué significación tendrían estos peculiares acontecimientos? La irrecusable consecuencia se hace evidente: el resto de los regímenes comunistas quedan automáticamente en entredicho. ¿Cómo se justifica el estalinismo de La Habana, con doce años de paredón, un millón de exiliados y un demencial estado policíaco? ¿Es que doce años de violencia oficial institucionalizada, no han bastado para modificar unas estructuras económicas que los chilenos van echando abajo sin maltratar a un solo ciudadano? ¿Dónde queda Rusia, con más de medio siglo de persecuciones, matanzas y repugnantes intervenciones militares frente a la escrupulosa experiencia chilena?

Flaco servicio hacen los socialistas chilenos a sus camaradas totalitarios si logran casar el respeto a la persona humana con la concepción socialista de la economía. No es la democracia, sistema que permite una evolución en cualquier sentido, según demostraran los chilenos, la que pierde con el triunfo del socialismo chileno, sino los regímenes tiránicos que también rezan a Marx. Lo perverso del comunismo —por supuesto— no es la distribución igualitaria de las riquezas y la posesión pública de los bienes de producción. Lo que se rechaza es la intolerancia para con las ideas ajenas, el establecimiento de un Estado gendarme, el estrecho dogmatismo, el surgimiento de la "nueva clase", parasitaria, ineficiente, detentadora de privilegios en virtud de su filiación, monstruosamente burocratizada, alienante. Se rechaza la confusión "Estado-Partido-Sociedad" que al ritmo aburrido de una retórica sin contenido, hueca, ridícula tras un siglo de manoseo, toques, retoques, escamoteos, conduce a la erección de otro Estado totalitario. Se rechaza —en fin— la instauración del más enajenante de los "establishment". A estas alturas lo importante no es la propiedad sino el hombre. A fin de cuentas el concepto de propiedad, si privada o pública, es algo subalterno que pertenece al mundo de las concepciones jurídicas o económicas, mientras el respeto a la persona humana está adscrito a las más urgentes prioridades.

Chile abre hoy un foso enorme en el ya fragmentado mundo comunista. Su dedo acusador, paradójicamente, no señala hacia el sistema que le abrió camino hacia el poder, sino hacia el socialismo totalitario. Desde la ortodoxia rusa, china o cubana, la herejía chilena es mucho más peligrosa que la yugoslava. Tito es un dictador sin amo, pero es un dictador. Allende —al menos por ahora— ni hipoteca la soberanía a Rusia ni tiraniza a su pueblo. Su régimen encarna realmente una tercera alternativa dentro del mundo comunista.

Desde esta perspectiva la experiencia chilena enseña otro ángulo curioso: la insurgencia guerrillera —urbana o rural— en países como Uruguay, Venezuela, Colombia, México, etc., donde los cauces democráticos están abiertos, como lo estuvieron en Chile, es totalmente injustificada. En alguna medida el Presidente Allende es una contradicción insuperable dentro de la lógica guevarista.

Si el socialismo chileno continúa por rumbos democráticos, con la casa parlamentaria abierta, los periódicos libres y en la calle, partidos de oposición en la palestra, consultas frecuentes al pueblo, es inevitable un virulento enfrentamiento ideológico entre las dictaduras comunistas y el equipo chileno. Recientemente, con el pretexto del encarcelamiento del poeta cubano Heberto Padilla, un grupo de intelectuales de izquierda saltó de la órbita cubana a la chilena, denunciando el indefendible —y ya muy incómodo— estalinismo de Fidel Castro. El propio presidente Allende no ha podido evitar cierto orgullo al subrayar el abismo que separa a su régimen del de Cuba. Por ese camino no pasará mucho tiempo sin que las diferencias den paso a la hostilidad.

11-6-71

CHILE: COBRE Y DESTINO

Chile —ya se sabe— pone tienda socialista. Esta vez —otra— perdió el capitalismo yanqui en la ruleta hispanoamericana. Hay un pequeño reñidero en torno al monto de las indemnizaciones... pero pasará. Estados Unidos tiene que aceptar las leyes chilenas. ¿Son justas? ¡Qué diablos importa! Son leyes de un país soberano y basta. Desde Platón sabemos que la justicia y las leyes son entidades diferentes. (En rigor, poco debe doler al coloso americano un pelo arrancado de su cola). Las compañías norteamericanas hicieron sus inversiones en un país que se movía dentro de los esquemas capitalistas. Luego el panorama comenzó a cambiar con los demócrata-cristianos; al fin, con la coalición marxista en el poder, la modificación ha sido total: Chile marcha rápidamente hacia un esquema económico socialista. Los riesgos de esta naturaleza debieron preverse en el momento de las inversiones. Pero dejemos esto a un lado: el destino de la Anaconda es cosa subalterna; lo vital es preguntarse si el cambio es bueno para Chile.

La economía es una ciencia muy seria para dejarla en manos de los ideólogos. Un ideólogo es un pobre señor, prófugo del siglo XIX, que afirma en tono solemne que "los-bienes-de-producción-tienen-que-estar-en-manos-del-Estado". O "que-el-estado-es-un-mal-administrador". O "que-los-servicios-públicos-deben-ser-propiedad-del-Estado". Es decir, un ideólogo —de cualquier ideología, claro— es un alma desventurada que sustenta unas creencias vagas, deletéreas, que pretende aplicar a unos problemas concretos, de perfiles únicos, *sui géneris,* la mayor parte de las veces ajenos a la retórica preceptiva de la doctrina ideológica. Un ideólogo, en fin, es una criatura intelectualmente ingenua que posee unos libros mágicos en donde se inscriben las Verdades Sagradas y se ofrecen unos remedios maravillosos para casi todo. ¡Animas nobles y simples de la prehistoria! Pigmeos de la razón política. (Resumiendo en la sintaxis de Gómez de la Serna: las ideologías son las supercherías de la economía). Creer que el "proletariado" tiene una misión especial en el destino del mundo; que las nacionalizaciones son la panacea; o que el empresario privado es insustituible es algo así como creer en el origen divino de los soberanos o en la levitación de un santón tibetano. Puro fanatismo. Pura fe de carboneros.

Y bien, para Chile ¿es "bueno" o "malo" nacionalizar el cobre? Depende. La nacionalización es un medio, no un fin, una herramienta para lograr mayor prosperidad para la nación. ¿Cuenta Chile con recursos económicos para mantener la explotación de las minas al ritmo creciente que demanda el desarrollo del país? ¿Cuenta con capital para financiar las inversiones de remozamiento de maquinaria o búsqueda de nuevos depósitos? ¿Cuenta con la red internacional de comercialización? ¿Qué porcentaje del consumo será enajenado por la nacionalización? ¿Puede pagar los técnicos extranjeros que necesite y evitar que los nacionales deserten? ¿Le es dable al gobierno chileno, dentro de ciertos límites, controlar los precios en el mercado internacional? ¿Puede Chile prescindir de las inversiones de capital extranjero en otras zonas de la economía? De éstas y otras mil cuestiones depende lo certero o erróneo de las medidas adoptadas. Las consideraciones "éticas" ninguna vela tienen en este entierro. Todo se cifra en responder honradamente a esta pregunta: ¿se beneficia o perjudica la nación chilena? Cualquier referencia a nacionalizaciones realizadas en el extranjero constituye un delito de lesa tontería (o demagogia). A México le fue bien nacionalizando su petróleo; a Venezuela también, absteniéndose de hacerlo y optando por un fuerte sistema impositivo y una fecha fija de expropiación (1983). Ojalá que los políticos chilenos en el poder hayan actuado sobre bases racionales, sobre cálculos económicos profesionalmente proyectados, no sobre dogmas anacrónicos, artículos de fe y otros oscurantismos milagreros ya centenarios.

¿Funcionará en Chile el modelo económico socialista? Primero, ¿cuál? ¿El del bloque soviético? ¿El del chino? ¿El yugoslavo? A primera vista la aproximación *política* es hacia el bloque soviético; ¿ocurrirá igual con la económica? En la estructura de comercio internacional del bloque soviético —cualquier estudiante sabe que en el bloque soviético existe una planificación internacional, dictada, ¡ay!, por Moscú— hay una distribución internacional del trabajo. Cuba, por ejemplo, tuvo que renunciar a sus planes de industrialización para dedicarse casi por entero al azúcar. A Bulgaria se le ha impuesto —y a Rumanía en su momento— el poco rentable capítulo de la industria pesada. Una vez en esta órbita, ¿se condenará a Chile a suministrar a perpetuidad materias primas (minerales) y a comprar productos elaborados por Moscú o Alemania Oriental? Más aún, ¿de qué signo son las necesidades de cobre del bloque soviético? ¿Pagarían en divisas occidentales, por el sistema de *"clearing"*, o en moneda de ese bloque económico? ¿No invita a reflexión el ridículo fracaso de la aventura cubana? Mucho me temo que los objetivos socio-económicos no han sido delimitados a estas alturas. Los ideólogos llevaban décadas hablando de "implantar el socialismo", y al arribar al poder se percatan de que esa concepción de las relaciones económicas abarca una franja demasiado ancha para precisar el sitio donde carenará la flamante nave socialista. En lo que se encuentra la brújula se va dando bandazos.

22-10-71

ODIO EN CHILE

Es serio, muy serio, lo que está ocurriendo en el país de O'Higgins. Se enconan los ánimos y salen caravanas de manifestantes, de uno y otro bando, en un evidente ritual prebélico. Los chilenos, fatalmente se encaminan hacia la violencia. El país civilizado y culto, la nación hispanoamericana de más depurada tradición política, de instituciones más sólidas, se tambalea, sube la temperatura ideológica, se polariza el país y al adversario de antaño se le ve hogaño como enemigo irreconciliable. Ya se odia en Chile. Y eso es terrible.

¿Quién tiene la culpa? Poco les importaría a los muertos —si los hubiere— el resultado de la pesquisa. Por lo pronto los extermismos de izquierda y derecha. Los intransigentes de ambos extremos que irresponsablemente provocarán una guerra civil, contienda que ineludiblemente convertiría un ejército imparcial e intachable en el brutal instrumento de una facción cualquiera, y, a corto plazo, en un usurpador del Poder. Chile volvería a ser víctima —como media América— de la arbitraria imposición castrense.

El presidente Allende defrauda a los chilenos. Donde hacía falta un estadista capaz del compromiso y del equilibrio, flexible y sereno, ha surgido un fanático inconmovible, atrapado en el dogmatismo más tozudo. Olvida el gobernante que no sólo preside a socialistas, comunistas y miricos —tres versiones de más o menos el mismo punto de vista— sino que radicales, nacionalistas y democristianos (dos terceras partes de los electores) deben ser escuchados y obedecidos en lo que mayoritariamente soliciten. Mala señal del mandatario Allende es su oratoria fogosa, llena de registros líricos y frecuentemente demagógica. Mala señal su irritabilidad frente a los ataques de la prensa. Esos distingos entre "libertad" y "libertinaje" son coartadas de la intolerancia. Chile necesita de prensa libre como los chilenos del oxígeno. Por ahí descarga vapor la caldera. Por ahí se censura o defiende al gobierno. O plomo de linotipias o de carabinas. Así es de vital la existencia de los periódicos. ¡Que no se diga que la prensa burguesa está al servicio de los turbios intereses! Ahí está la denuncia de Anderson en setecientos periódicos de la prensa burguesa. Iba —y fue, para gloria de la prensa yanqui— dirigida contra uno de los pilares del capitalismo mundial y contra las manipulaciones de la CIA.

Si algo descubrió Anderson no fue que los intereses económicos se protegen con las más sucias artimañas —dato repugnante archisabido— sino que muchos de esos intereses hoy actúan con probidad y que la prensa de ese país sólo está al servicio de la información y la verdad. El periodista no dio el "palo" desenmascarando a la CIA, sino poniendo de manifiesto la tibia ineficacia de los Estados Unidos en el ejercicio de su viejo *role* de policía continental. No habrá *week-end* en Chile. Ni le interesa a U.S.A., ni tiene fuerzas la CIA para cosa semejante. Todo eso es harina del costal de la guerra fría. Está clarísimo en los papeles de Anderson. La radio y la prensa chilenas están bajo una fortísima presión del gobierno. A la primera se le amenaza con suprimirle las licencias; a la segunda con regatearle el papel: mezquinas maneras de acallar a los opositores. Eso ya lo inventaron Trujillo, Castro y compañía.

El comunismo tenía en Chile la oportunidad de lavarse la cara. Los horrores de Stalin, el paredón cubano, Hungría, Checoslovaquia y toda esa historia repulsiva de represión policíaca se congelaban frente a una coyuntura diferente: un pueblo maduro e inteligente concedía crédito a los comunistas para dirigir los destinos del país. Pocos acontecimientos han sido tan importantes en la historia de América.

Así de grande será el chasco si al tratar de imponer una dictadura facciosa se dispara el primer tiro de la guerra civil.

21-4-72

ENTRE LOBOS Y PANTERAS

En el setenta, con la elección de Allende, el pueblo chileno se jugó una carta peligrosa. Por primera vez, el estado político burgués abría las puertas al modelo económico marxista. Los chilenos —más bien Allende y su combo— intentaban meter las estructuras económicas del comunismo dentro del marco jurídico capitalista. Algo así como cruzar lobos con corderos. O más bien —seamos justos— cruzar lobos con panteras. El engendro —¡qué pena!— no sale. No funciona. No hay apareamiento sino mordiscos y arañazos. A la postre, o triunfan lobos o triunfan panteras. Ni siquiera es posible un empate de compromiso.

La incompatibilidad genética de ambos bichos —seguimos en la veta mendeliana— se debe a una evidente circunstancia: en cualquier estado saludable el orden jurídico y el económico se complementan. De esta suerte, no es una casualidad que la democracia burguesa y el capitalismo se desarrollaran paralelamente. Tampoco que el marxismo recurriera a su "dictadura para el proletariado" con el objeto de imponer el invento del Estado Patrón.

En marzo los chilenos decidirán si optan por uno u otro sistema, pero ya escarmentados de eclecticismos híbridos. Una votación mayoritaria de apoyo al gobierno tendrá la significación de respaldar la "dictadura para el proletariado"; una preferencia masiva por la oposición quiere decir que se desea regresar a las andadas capitalistas. Esta acción tajante, brutal, se disfrazará con impresionantes ejercicios retóricos. Pero es eso, sólo eso (y en ello coincido con la izquierda más furibunda). Falta por ver si los perdedores respetarán el veredicto.

¿Quiere esto decir que el comunismo no puede implantarse por las buenas? Exactamente. Los comunistas están fatalmente condenados a llenar las cárceles de adversarios peligrosos y los paredones de enemigos. *Deben* erradicar la libertad de prensa, reunión, u organización. *Tienen* que entronizar un estado policíaco, sangriento en sus inicios y riguroso en plena marcha (evolución que va de las purgas de Stalin a los manicomios de Breznev). No existe otro procedimiento eficaz para transferir los privilegios de unos grupos sociales hacia la ambiciosa "nueva clase".

En Chile —como en su momento Cuba—, la mítica revolución se hace para cesantear a ciertas clases económicas prohijadas por el capitalismo, en favor de otras supuestamente deudas del marxismo. Originalmente la intención del gobierno era liquidar la burguesía y el capital foráneo, elevando a los desposeídos hasta los niveles medios, y hacia esos objetivos dirigió sus baterías... haciendo blanco en los muy extendidos grupos sociales medios chilenos, al provocar el gobierno, con rapidez y torpeza, una inflación pavorosa —o devaluación de la moneda, visto por la otra cara—, el desabastecimiento —y su secuela lamentable: el mercado negro—, el endeudamiento internacional, la volatilización de las reservas, la hostilidad de consorcios extranjeros con tanto poder como falta de escrúpulos, la intranquilidad laboral, estudiantil y política en un nervioso clima de preguerra civil, y otra media docena de catástrofes, entre las que cuesta trabajo distinguir un mediano acierto. Chile se cubaniza. Mala noticia para los jugos gástricos chilenos. Cuba, cuando le tocó el turno, se haitianizó.

En rigor era predecible el acontecer chileno. Como lo será si en las elecciones de marzo el pueblo ratifica su mandato: Allende tirará por la borda el estado burgués, y le dará a su gobierno una armazón jurídica apropiada a sus fines. Al principio la cárcel y las ejecuciones impondrán el nuevo orden, pero al cabo —¿50 años?— le tocará a los manicomios. Es cuestión de paciencia. A fin de cuentas, en el trayecto de los paredones a los asilos de locos sólo se sacrificarán varias generaciones de chilenos. Los lobos padecen de una lenta digestión.

17-1-73

DE ALLENDE A PINOCHET

¿Son galgos o podencos? Quiero decir, los militares de Pinochet, ¿son fascistas, liberales, peruanistas, filobrasileros? En rigor, no se sabe. Probablemente ellos mismos no lo saben. Por ahora sólo parecen estar de acuerdo en que hay que "limpiar", "barrer", "ordenar". Pura disciplina cuartelera. Lo de siempre: éranse unos militares en busca de una ideología. Algo así como los personajes de Pirandello, pero con más farsa. Cuando, bajo la dirección de Allende, Chile ensayaba el increíble caos que desembocó en el golpe de septiembre, escribí, en esta misma columna, que de las torpezas de Allende ninguna sería comparable a la de provocar el golpe militar. Y bien: ya están instalados en La Moneda. Sacaron el revólver antes que la izquierda —que por lo visto preparaba su degollina— y se hicieron con el Poder. ¿Y ahora?

Ahora, por lo visto, incurren en los mismos excesos que le imputaban a Salvador Allende: en primer término, desprecio por el estado liberal burgués. Para los radicales de izquierda, el andamiaje de los partidos políticos, el sufragio universal y el periódico, la representación numérica y demás artefactos del Derecho burgués eran simples mecanismos al servicio de los intereses económicos. Para los militares de Pinochet, todos estos factores condujeron al caos y le abrieron la puerta al marxismo. Unos —la izquierda— lo apaleaban porque bogaba. Los otros —sentados a la diestra de Pinochet— porque no bogaba. A las izquierdas marxistas, en la banda contraria, se les acusaba de querer imponer su ideología con cerril dogmatismo. Y era cierto. La intolerancia y la cerrazón mental de los marxistas, subrayada frecuentemente con juicios, purgas, paredones, asilos de locos, muros, etc., es un hecho evidente. Tan evidente como la rigidez mental que se incuba en los cuarteles. La neurótica pasión por el "orden" como virtud suprema —"orden" definido, claro, en términos de reglamentos estrictos, uniformidad, trompetazos, dianas, jerarquías incuestionables, obediencia al superior y otras alucinantes boberías— es semejante y paralela a la que despliegan los totalitarios del marxismo. ¡Qué sorpresa se llevarían estos generalotes si se percatasen que la estructura mental de los fanáticos autoritarios de la izquierda es exacta a la que ellos poseen! Almas gemelas, diría un poeta cursi.

De haber triunfado el golpe que la izquierda preparaba en la sombra, no dudo que se hubiera liquidado la libertad de prensa en Chile y la quema de "libros capitalistas" sería un hecho tan lamentable como cierto. Sólo que eso mismo, por la otra punta, llevan a cabo los soldaditos de Pinochet. ¿Qué importa si se quema *El Capital* o *La nueva clase*? Lo repugnante es el hecho estúpido y monstruoso de quemar los libros. No hay imagen más representativa de nuestro estremecedor siglo XX que la de unos hombres echando al fuego las ideas de otros hombres; crimen inútil y gratuito en el que a trechos se incurre.

Los militares de Pinochet, celosos constitucionales, sacaron los cursillos para proteger el "Estado-Derecho"... pero ahora nos enteramos que se congelará a los partidos políticos y que unos juristas misteriosos escriben una nueva Constitución. Esto, por el otro extremo, planeaba Allende:

crearse una "legitimidad" a la medida de sus dogmas. ¿Cuál es la diferencia?

¿Es legítimo homologar a los esbirros-en-potencia de Allende con los esbirros-en-acción de Pinochet? ¿Es justo comparar ambos regímenes? Si desapasionadamente se estudian los *métodos* que unos y otros están dispuestos a emplear para llevar a término sus designios, se verá que la diferencia es puro matiz. Quizás con los militares las despensas de la clase media estén llenas y los trenes —¡Salve, Padre Mussolini!— cumplirán con su horario; quizás con los marxistas se hubieran reducido repulsivos desniveles sociales; pero tirios y troyanos hubieran descansado en la pericia de los verdugos, y esto, a la postre, es sanguinariamente igual.

26-10-73

ARGENTINA

PERONISMO Y CIRUGIA PLASTICA

La mitad de los electores argentinos votaron por Juan Domingo Perón a través de su vicario, el dentista Cámpora. Porque nadie se llame a engaño, ese cincuenta por ciento votó por un hombre y no por un partido, o, en todo caso, votó contra los militares que gobiernan. El antiperonismo, sabedor de que el "justicialismo" no es otra cosa que el fanatismo a un hombre carismático, jugó siempre a la muerte natural del viejo líder. El justicialismo se acabaría con una trombosis, un cáncer prostático o un derrame fulminante y providencial.

Pero Juan Domingo es una variante castrense —más bien milonguera— del Dr. Fausto. Un Fausto del siglo XX, claro, sin otro Mefistófeles que los cirujanos plásticos, los geriatras y la parafernalia cosmética con que despistaba al almanaque. Esto de preservar a toda costa una apariencia vigorosa no sólo hay que atribuirlo a la vanidad. Las tribus peronistas necesitaban intacto, para su ritual fetichista, al hombre echado del poder en 1955. "La espantosa humillación de envejecer", como alguna vez ha dicho su paisano Borges —tan antiperonista— hubiera terminado con el mito. No terminó porque lo embalsamaron en vida. Lo embalsamaron como a Tito o como a Mao. La vejez de los líderes carismáticos es peligrosa. El pellejo colgante, la inevitable calva, el adelgazamiento de las extremidades. Los temblores parkinsonianos están reñidos con el mesianismo.

El justicialismo, el titoísmo, el maoísmo, son corrientes ideológicas que pueden apagarse por la incontinencia de orina. Es extraño, pero es así. Y todo esto tiene una explicación más o menos sencilla: el fanatismo político es un rito de naturaleza religiosa, aunque sea efectuado en beneficio del más terrenal y ateo de los líderes. Da igual: la fe en el caudillo —iluminado por el marxismo o por el Nuevo Testamento, es lo mismo— es un fenómeno adscrito a la esfera del *pathos*. Y ese caudillo es una imagen adorable. Un fetiche que no puede alejarse mucho de los perfiles con que se inició su culto, a riesgo de que la secta se desoriente y disperse. De ahí que el octogenario Tito tenga que maquillarse entre purga y purga. De ahí que Mao recientemente "nadara" varios kilómetros por las aguas apacibles del río Azul. De ahí que Perón peregrinase hasta una clínica rumana en busca de potingues milagrosos o que enterrara varas de pellejo en los jardines de tres o cuatro cirujanos plásticos europeos. Ser líder, por lo visto, tiene sus *servidumbres*.

Todo esto es curiosísimo y a la vez interesante. Se sabe que los animales de vida organizada escogen un "líder" por ciertas características físicas. O el "líder" se impone por poseer ciertas características que es lo mismo visto por la otra punta. Tal vez ese vínculo entre el caudillo y sus fanáticos, que hace un momento he calificado de "emocional", sea un rasgo atávico en la evolución del hombre. Porque, a fin de cuentas, se puede ser un magnífico gobernante con el esfínter relajado o con la dentadura postiza. Eso de exigirle al "jefe" ciertos rasgos aparenciales puede estar emparentado con la corpulencia que los elefantes demandan del guía de la manada. Vistas las cosas con objetividad, todos los jefes políticos deben cumplir con ciertos requisitos estéticos sólo que los del caudillo carismático son inagotables.

De los argentinos siempre me ha intrigado su pertinaz resistencia a mantener vivos los mitos. En ese país increíble todavía hay rosistas y antirrosistas. Hay sarmientistas. Y hay, claro, renovadas oleadas de gardelistas. No es extraño que en un país de memoria tan implacable el mito de Perón se mantuviese y aún se revitalizara. Hace más de diez años un sagaz emigrado español, Francisco Ayala, predecía —con temor— el retorno del peronismo. El antiperonismo no le hizo caso. Ayala advertía que los cuadros del peronismo, enquistados dentro de la estructura obrera, se mantenían intactos y en el ejercicio constante del culto al caudillo. El antiperonismo apostaba al infarto en el destierro del viejo dictador. Y perdió. ¿Volverá Perón a los viejos tiempos? Ojalá que no. Aunque sus partidarios no lo noten, él sí sabe que han pasado casi veinte años desde que abandonó el poder. El peronismo fracasó en todos los sentidos. Aquella etapa —"época de oprobio y bobería", como la llamara Borges— no debe reeditarse. Tengo la esperanza de que Perón, a solas, frente al espejo, opte por la seriedad y no por las payaserías que ya hundieron a su país una lamentable vez.

17-4-73

PERON Y LA COMEDIA ARGENTINA

Hay países con vocación histriónica. Italia, por ejemplo. Desde el Duce hasta el referéndum sobre el divorcio, todo italiano tiene un sospechoso olor a sainete. Algo de esto ocurre en Argentina. (Me pregunto si los millones de italianos que cruzaron el Atlántico no tendrán su responsabilidad en el asunto). Perón y Evita, o Perón e Isabelita (dicho con todo el respeto del mundo) parecen dúos de esas comedias italianas en las que suele actuar Mastroiani. "Gobierno estilo argentino" puede llamarse el divertido film. (Divertido para los espectadores extranjeros, claro, porque para los indígenas del Plata el espectáculo no es nada simpático).

Y la comedia sale sola, con naturalidad, que es lo bueno, porque Perón no busca esos efectos. Se trata de un caudillo honestamente convencido del destino protagónico de Argentina y de su propia condición mesiánica. Pero esto, que en Turquía se llama Attaturk y en Francia De Gaulle —ejemplos de una imponente seriedad— en Argentina se vuelve vodevilesco y un día anuncian que tienen la bomba atómica o al siguiente asesinan a un simio inocente en el delirante desarrollo de la cohetería nacional, como ocurriera en la remota década del cincuenta. La actual comedia de enredo —Evita, su cadáver, Isabelita, López Rega— acaba por hacer reír. No es que las intenciones sean cómicas —no puede serlo ambicionar la grandeza de la patria— sino los detalles del proceso. Perón vive alucinado con la idea de que conoce un atajo que rápidamente convertirá a la Argentina en una potencia de primer orden. Y los peronistas viven alucinados con la creencia de que el único que conoce el camino es Perón, más o menos como el único que podía cantar tangos decentemente era Carlos Gardel. Nadie más. Perón *es* el camino. Para colmo, la naturaleza, que es sabia, o es perversa, o disfruta de la comedia argentina, ha dotado al simpático general con una personalidad optimista y eufórica que le permite reducir las más complejas realidades o los más negros augurios a esquemas sencillos y favorables que convencen y entusiasman al más infeliz de los argentinos. *Todo* es fácil. *Todo* está al alcance de la mano.

Pero luego ocurre que nada es fácil ni sencillo y comienzan los pleitos. Y Perón les echa mano a los enemigos de turno para explicar su fracaso. En los años cincuenta los palos iban a parar a los liberales; en los setenta a la izquierda desbocada. Desde luego, nada arredra a la feligresía ortodoxa. Perón *es* el camino.

En su senectud, el risueño caudillo ha decidido reforzar su estrella con una ayuda del más allá. Su ministro López Rega ha sido su mentor en el mundo iluminado de la parasicología. Perón cree en el espiritismo. Su señora y vice-presidenta, ídem. Y eso está muy bien, porque para gobernar a un pueblo como el argentino hay que contar hasta con los espíritus. Cuentan que en la casa madrileña de Puerta de Hierro, en donde supuestamente reposan los restos de Evita, la actual vice-presidenta, cuando era exiliada, recibió los benéficos efluvios del cadáver tras meditar varias horas sobre la caja. (Esto explicaría su posterior popularidad).

¿En qué parará Argentina? Probablemente en otra dictadura, y casi probablemente "a la brasilera". Los militares "duros" sólo aguardan a que el peronismo debilite más su prestigio. Esperan a que el mito se desmorone ante el peso de las realidades. Aguardan a que los argentinos se cansen de la comedia. Entonces, lamentablemente, será la hora del terror. El trágico minuto en que se abona el precio de no ser serios.

28-6-74

GRATOS, NON GRATOS E INGRATOS

Con enorme retraso —como siempre— me entero de que un embajador argentino protestó oficialmente por cierto artículo mío aparecido en *Los Tiempos* que "degradaba a la Presidenta María Estela —Isabelita— Perón y ofendía el honor nacional, etc.". Lamentable. No me hice entender. Cada vez escribo peor. Rectifiquemos. En primer lugar, quiero dejar bien claro mis simpatías por Isabelita Perón. No creo, como *Newsweek,* que sus antecedentes de bailarina y cantante la incapaciten para ejercer la presidencia de Argentina. Es al revés. Eso conviene. Hemos probado con centenares de abogados y militares sin éxito alguno. No existe evidencia confiable que demuestre que saber cómo funciona un cañón sin retroceso o un código penal —más o menos lo mismo— sirva para algo a la hora de dirigir un país. Personalmente me siento más aliviado si gobierna una señora capaz de entonar aquello de "caminito que el tiempo ha borrado" y todo lo otro, que si el poder lo ejerce un bípedo que sabe de memoria el Código Napoleónico. Y mucho más si la alternativa es entre una señora y un coronel de artillería. Prefiero que me disparen con milongas. No es que no duela, pero menos.

Bien: es obvio mi entusiasmo por Isabelita. Espero que Su Excelencia, el embajador, acepte mi aclaración. Pero ahora vamos a hablar, en general, de la institución de la casaca rameada. Latinoamérica gasta millones y millones de dólares en este asunto de las legaciones diplomáticas para no dedicarle unas líneas esporádicamente.

Los diplomáticos son de dos clases: los de carrera y los otros. No está muy claro qué es eso de "carrera diplomática", pero se supone que se trata de unos estudios misteriosos que ayudan a "representar" dignamente al país. Luego resulta que los estudios consisten en los idiomas de otros, las historias de otros y el protocolo de otros. Pero del pobre país representado, nada. (Conocí un erudito alemán que casi enloquece tratando de comunicarse en quechua con la embajada peruana en Berlín). Y es que la diplomacia, lejos de representar países, acaba representándose a sí misma. Acaba montando la farsa de la propia diplomacia. Un negocio de gente emperifollada y lela que se dedica a comer, tomar y criticar a los nativos, en lugar de dedicarse, frenéticamente, a multiplicar los lazos comerciales, turísticos y culturales entre sus países y los que les han aceptado credenciales. Una embajada debería ser un paridero de iniciativas vinculantes y no un recinto de *cocktails*. De ahí que sea necesario que el diplomático, además de saber francés, sepa lo que su país tiene para dar y lo que le beneficiaría obtener de los demás. Un embajador debe ser un promotor, no un muñecón hierático y empolvado.

Hemos hablado de los diplomáticos de carrera. ¿Y los otros? Los otros son los que acceden a la embajada como un premio a sus méritos personales o como un dorado castigo. Entre los primeros suelen estar los escritores. A los ojos de los políticos las embajadas son tan inútiles que hasta pueden entregarse a los poetas sin grandes riesgos. Al más irresponsable gobernante nicaragüense no se le habría ocurrido nombrar cartero a Rubén Darío, pero no se vaciló en hacerlo embajador en Europa. Los chilenos lo hicieron con Neruda, que era una gloria nacional y un gran poeta, pero un funcionario incompetente, porque ¿a quién se le ocurre pedirle otra cosa que versos al autor de *Tercera Residencia*? O novelas al Carpentier que Cuba mantiene en su delegación en París. (Los cubanos creían que Carpentier representaba a Francia en la Isla, pero con estupefacción descubrieron que era a la inversa).

No quiere esto decir que hacen mal los gobiernos en proteger a sus talentos. El error está en hacerlos diplomáticos. Es mucho más decente que se pensione a un novelista, si vale la pena, antes que nombrarle *attaché* en Birmania.

Tal vez si los embajadores tuvieran su tiempo ocupado en asuntos serios y productivos para su país y para el que les ha recibido, no se molestarían en escribir cartas a los periódicos o en protestar oficialmente por unas líneas perdidas en un periódico. El "honor nacional" no puede radicar en las opiniones de un escritor extranjero, entre otras cosas porque eso de "honor nacional" puede no ser otra cosa que una frase boba y solemne. Lo que sí no es una abstracción es el presupuesto nacional. Ese montón de dinero sacado de los riñones del pueblo que nutre al Cuerpo Diplomático, casi nunca —ay— para que funcione como una maquinaria productiva. Casi siempre para mantenerlo como una adherencia parasitaria. 16-5-75

ARGENTINA ENTRE LA ESPADA Y LA ESPADA

En Argentina, pronto, el peso no valdrá nada, escasearán los bienes de consumo y el crédito exterior estará agotado. La inflación alcanzará cotas altísimas, el paro obrero aumentará y el clima de violencia será aún más sangriento. En resumen, el sistema económico capitalista y su carnal político, la democracia burguesa, se habrán ido a bolina. Y se van juntos porque juntos nacieron, el uno para la otra y hasta que la crisis nos separe, como decían los novios de antes.

El peronismo, que ha sido siempre una forma de delirar, nunca entendió al capitalismo ni a la democracia liberal. Perón sí, pero ya muy viejo y muy tarde. La juventud peronista, los montoneros y toda la fauna radical que entonaba el "Perón, Perón, mi general, que grande sos" no hubiera resistido la pública adhesión del caudillo a la bolsa y a la urna. Era muy tarde para bajarse de la retórica justicialista. Había que seguir dándole palos. Sólo que era inevitable que a la larga pasara lo que está pasando.

Perón se hizo demócrata y capitalista en España, lo cual no es un contrasentido. Precisamente en los años en que Perón se instalaba en Puerta de Hierro, España enterraba el nacionalismo sindicalista predicado por la Falange —tan parecida al justicialismo— y se embarcaba en la aventura capitalista. En diez años —la década que Perón pudo palpar— se produjo el "milagro español". En rigor ni era milagro ni era español. Era sólo la acción concertada del capital y la técnica extranjera sobre un país con la infraestructura adecuada. Esa experiencia era perfectamente transferible a la Argentina, con la ventaja de que el país del Plata era infinitamente más rico que España.

Y a demócrata aprendió por la otra punta. Porque en España el autoritarismo, lejos de ser una hélice, es un ancla.

Más "milagro" habría con el parlamento abierto, como la Dieta japonesa, como el Bundestag alemán, como la Cámara francesa. Capitalismo y democracia burguesa van juntos. Dan juntos sus mejores frutos. Hasta ahora no existe una combinación más eficaz para generar riqueza, siempre que el gobierno sepa y pueda repartir los beneficios mediante un vasto plan de servicios sociales.

Ese Perón más cerca de Churchill que de Mussolini quedó inédito. El general optó por morirse sin revelar su conversión. Era así, testarudo. A Isabelita —la pobre— le ha tocado la cruz de informarle al peronismo que donde dije digo dije Diego. Pero el peronismo no le hace caso. Sólo Perón, que era un mago con fama de político, podía cambiar las señas de identidad del partido. López Rega es sólo un político con fama de mago. Así no sirve.

¿Qué opciones le quedan al país al borde del colapso? Repasémoslas. ¿Un golpe militar? Durante muchos años los militares gobernaron sin la menor fortuna. ¿Qué ganarían los mandos militares deponiendo a la Presidencia y clausurando el Congreso? Se expondrían a sangrientos desórdenes obreros y a un recrudecimiento de la acción de la izquierda. Un golpe militar sería para imitar a Pinochet y ya se sabe que al chileno no le van bien los negocios. Un golpe a la peruana, en un país como Argentina, con unos extensos niveles sociales medios, y una vasta burguesía, no sería coherente. Más probable, sin embargo, resultaría un golpe a la uruguaya (esto se va peligrosamente pareciendo a un libro de cocina), es decir, un golpe *con* Isabelita en el poder, pero disolviendo el Congreso rebelde. Un régimen represivo y policíaco, de ley y orden, como se dice, más o menos legalizado por la presencia de la presidenta libremente electa. Tal vez esa esa la carta que jugará Isabelita, o por lo menos con la que asusta a los cabezacalientes del peronismo.

Si la presidenta renuncia al sindicalismo se lleva el gato al agua a través de la ley de acefalía, hecha para que el partido se haga cargo del poder. Pero el problema esencial seguiría vigente: ¿se le pone el hombro al capitalismo y se legislan *medidas impopulares* —no hay otras— para que supere la crisis, o se echa abajo el andamiaje? Lo malo es que el peronismo no tiene sistema de recambio. Los comunistas cuentan con uno, que no es muy eficaz, que hay que implantarlo con bayonetas, pero al menos tienen uno. El peronismo es sólo un inagotable chorro de saliva. Un torrente de palabras huecas e irresponsables. Sin embargo, los dirigentes sindicales y el peronismo tradicional, puestos a gobernar directamente, tal vez abandonaran esa actitud energuménica. Tal vez. Como se ve, el cuadro argentino es realmente sombrío. Si alguna enseñanza sacan América y los propios argentinos de tan lamentable crisis, es que a los hombres, desde niños, debe enseñárseles que con demagogia no se juega. Es como la caca. Un asco.

EL ULTIMO TANGO EN BUENOS AIRES

Se fue sin siquiera aclarar por qué rayos unas veces era Isabelita y otras María Estela. Perón la hizo jefa de los argentinos como era su costumbre con las mujeres con quienes compartía el dormitorio. Lo hizo con Eva, lo hizo con Isabelita y hay que agradecerle que no se hubiera enamorado de La Pasionaria o de Lola Puñales.

Era el tipo de amante que todo lo comparte, incluyendo la jefatura de los países. Anotaba entre sus bienes gananciales el liderato de los peronistas. Cuando los historiadores le pasen la cuenta tendrán que decir que fue una calamidad como gobernante, pero un marido ejemplar. No creía que gobernar fuera poblar —como Alberdi—, sino querer a la esposa. La estatua no debe ser ecuestre, ni vestido de general, como la de Madrid, sino con una escoba en la mano. "En honor de Juan Domingo Perón, el más comprensivo marido del siglo XX".

En fin, *the show is over*. El peronismo —¡por fin!— se irá a bolina. Nadie lo lamente. El peronismo no era una doctrina, sino una forma de delirar. Perón lo descubrió a destiempo, muy viejo para rectificar y demasiado cogido en su propia trampa retórica.

Ahora las fuerzas políticas argentinas estarán unos años en la cámara de descompresión del ejército. Durante los próximos años —¿dos, cinco?— los organismos castrenses se encargarán de intentar organizar la economía y de aplastar la subversión.

Lo primero es mucho más difícil que lo segundo. Producir más, hallar fuentes de financiamiento, controlar la inflación y mantener el pleno empleo son tareas de gigantes.

Destruir a la subversión es coser y cantar. Lamentablemente, coser a tiros a los subversivos hasta que canten. Así de brutalmente fácil. Así de despiadado. No existe grupo conspirador que pueda hacerle frente a un Estado policíaco decidido a matar y a torturar. Los hombres de Santucho, el marxista Ejército Revolucionario del Pueblo, serán inexorablemente molidos por la trituradora militar.

Pasó en Uruguay, pasó en Brasil y —¿por qué no?— pasó en la Cuba de Castro. Los grupos subversivos sólo son eficaces cuando se enfrentan a Estados de derecho, a sociedades abiertas, en las que la opinión pública cuenta con cierto peso. En Irlanda el IRA y la Mafia americana son buenos ejemplos. No hay forma humana de destruirlos. Ojalá que los conspiradores argentinos se retiren antes de que los descuarticen.

¿Por qué fracasa la democracia en Latinoamérica? Las razones son varias, pero la más urgente y obvia es esta: la carencia de partidos políticos estables. Donde los hay (México, Colombia, Venezuela) la democracia logra afianzarse. La democracia es sólo un compromiso con la aritmética y los partidos políticos no son otra cosa que el medio idóneo en que resolver esas ecuaciones.

Una de las muestras de madurez política más notables de los últimos tiempos la dieron los colombianos al acordar pelotearse el poder durante varios períodos. El método quizás no fuera muy ortodoxo, pero sin duda alguna fue positivo.

Del PRI mexicano puede decirse otro tanto. Sacó a México del caos y la anarquía y hace medio siglo que le proporciona la estabilidad necesaria para el progreso. Probablemente otro partido fuerte, capaz de disputarle el poder, le resultaría beneficioso, pero la falta de ese reto en alguna medida la suplen las distintas tendencias que operan dentro de la colectividad.

Es falso que la "democracia" necesite ciertos niveles económicos para mantenerse. La India, Guyana o Jamaica funcionan dentro de esquemas democráticos. En esos tres países hay partidos políticos poderosos que absorben los anhelos protagónicos de los líderes. Son los diques que evitan que la sangre llegue al río.

Todo este preámbulo era para afirmar que en Argentina no habrá democracia mientras los partidos políticos no se rehagan. Si los militares no quieren perpetuarse en el poder, pasado el primer sofocón deberán potenciar el resurgimiento de los partidos. Los militares frecuentemente incurren en la estupidez de culpar a los "políticos" de las debacles institucionales. Concretamente en Argentina fueron los militares los que en los años treinta terminaron y exterminaron una fecunda experiencia política.

Las masas peronistas —curadas de espanto a estas alturas— pueden ser buena clientela política para un partido de izquierda moderada, acaso acaudillado por un político del corte de Frondizi. Los niveles sociales medios y la pequeña burguesía encajarían dentro del insumergible radicalismo. Entre esas dos opciones quizás sea posible la convivencia democrática. 7-4-76

ISRAEL

MASADA NO CAERA OTRA VEZ

Cerca del Mar Muerto yacen las ruinas de Masada. Masada fue una fortaleza que Herodes se hizo construir en la cima de una colina en medio del desierto. Allí —cuenta Josefo Flavio, el historiador judeo-romano— ofrecieron resistencia los últimos rebeldes judíos frente a las legiones romanas.

Resistieron el asedio por años. (I d.J.C.). Al cabo, convencidos de la inutilidad del esfuerzo, decidieron inmolarse. Muerte concertada. Muerte sin aspavientos. Un grupo ejecutaría al resto. Luego se eliminaría a sí mismo. Si creemos a Josefo Flavio, tras la carnicería —precedida por una arenga patriótica— quedó el último de los patriotas. En silencio se hundió lentamente el puñal y Masada cayó en poder de los romanos. Para Roma, orgullosa, la victoria no era otra cosa que un reguero arisco de cadáveres. La altivez de los vencidos fue implacable. El jefe romano, conmovido, ordenó funerales gloriosos para el adversario. La caída de Masada marca el inicio de la Diáspora. El pueblo judío se desparramó por el mundo.

He llegado a Masada por el camino fatigoso de las legiones. Hay un teleférico pero he preferido el andurrial. Sol de justicia. Desierto seco. Allá, no lejos, el Mar Muerto (jugo gástrico de las entrañas de arena) digiere lentamente el calor de la tarde. Pájaros negros. Sólo los cuervos dan fe de que la vida existe. Herodes tuvo —y con razón— manía persecutoria. Masada era su último refugio en caso de sublevaciones. Masada podía ser vencida por asedio, pero no tomada por asalto. Y preparó la fortaleza para el asedio. Cavó cisternas increíbles y almacenes de víveres. En medio de todo, un columbario. ¿Para qué las palomas? ¿Para comunicarse? ¿Para recrearse? Nadie sabe, pero había cientos de palomas.

Esta noche he visto una ceremonia impresionante en Masada. Por centenares, entre las piedras, llegan los jóvenes reclutas a jurar la bandera. Se trata de los *sabras,* judíos nacidos en Israel. Sabra es una fruta áspera por fuera y dulce por dentro. Son casi niños. Muchachones de diez y tantos años. Cielo estrellado. No hay calor. (Calculo que el Mar Muerto habrá terminado de tragárselo). El juramento se hará a la luz de las antorchas. El juramento es un grito fiero y una advertencia. En sus cinco palabras va envuelta la determinación de un pueblo viejo y bravo: ¡MASADA NO CAERA OTRA VEZ! ¡MASADA NO CAERA OTRA VEZ! Y yo sé que no. Yo sé que estos muchachones no dejarán nunca que Masada caiga. Es muy tarde para echarse otra vez a los caminos.

24-7-72

EL VALOR DE ISRAEL

Escribo bajo el asedio de los teletipos. Probablemente cuando esta crónica vea la luz, la cuarta guerra del Medio Oriente haya concluido mediante alguna componenda de urgencia, o tal vez se prolongue hasta sus últimas consecuencias. Luego, no entro a dar noticia. Tampoco a conceder razón a uno u otro de los litigantes. Creo, y eso es lo terrible, que allí se entabla una lucha entre dos derechos. Una estremecedora pugna entre dos causas justas.

Pero Israel es otra cosa. Cuando peligra Israel se conmueve la más fascinante experiencia social de los tiempos modernos. No hablo de los mitos religiosos o de las hazañas guerreras, que me tienen sin cuidado, sino del Estado de carne y hueso, tenazmente democrático bajo los cañonazos, sobriamente próspero en medio de la peor dotada naturaleza, testarudamente eficaz rodeado de contratiempos. Hablo de los kibutz —única experiencia comunista que no ha acabado en un charco de sangre—. Pienso en las universidades de Haifa y Jerusalén, centros claves de la *inteligentsia* universal. Me asaltan sus museos, sus artistas plásticos, sus librerías abarrotadas. Recuerdo la proeza conmovedora de construir israelíes, y dotarlos de un idioma y una patria, a partir de los más diversos y diferentes judíos. En Israel el mito (el judío) se ha hecho carne (el israelí). La metáfora, por una vez, se ha vuelto realidad. La poesía devino vida.

El país, como todos, tiene serios problemas. No es, por supuesto, el paraíso. Pero no conozco otro más justo. No sé de otro donde la riqueza esté mejor distribuida y los salarios sean más equitativos. No conozco sitio, como Israel, donde la juventud sea menos decadente, y la mujer, a pesar de la tradición semita, más equiparada al hombre. Y esta prodigiosa sociedad ha surgido de inmigrantes de veinte lenguas y colores, con la deuda *per capita* más alta del mundo y en medio del más abigarrado panorama político.

Se editan miles de libros —el primero, proporcionalmente, en el mundo—; la prensa es libre —la de los judíos y la de los árabes que allí viven—, el Parlamento —el Knesset, pintado por Chagall, el grandioso intérprete plástico del pueblo judío— permanece abierto al público al igual que las aulas universitarias. Israel es todo eso: la eficacia, el progreso, la tradición, la poesía, la cultura, la ausencia de jerarquías y de vasallajes. El socialismo —*otro* socialismo, no el de los paredones— existe y convive con *otro* capitalismo celosamente vigilado por el partido obrero que ostenta la representación de la mayoría.

Junto al Mar Muerto, en medio del desierto, bajo la luz de cientos de antorchas, he visto en las ruinas de Masada la ceremonia de enrolamiento de los jóvenes israelíes. Masada fue el último reducto de la resistencia judía frente a los romanos en el siglo I. Después: la Diáspora. Hoy Masada es el símbolo de la determinación nacional de no sucumbir otra vez. Los jóvenes *sabras* gritan, tres veces, que Masada no caerá otra vez. Si cayera, si el Estado de Israel fuera liquidado, con él moriría una de las más valiosas experiencias sociales de los tiempos modernos. Con él, un poco, moriría la humanidad.

16-10-73

ISRAEL Y EL FANTASMA DE HIROSHIMA

El orden de los acontecimientos fue más o menos así: el conflicto árabe-israelí se mantenía estancado. El pequeño Estado de Israel, como un monolito, resistía los embates de los árabes, apoyados sin pudor por los soviéticos, sin ceder una pulgada del territorio conquistado en la guerra de los seis días. Las respuestas bélicas de los judíos eran contundentes, sólidas, eficientes. La Ley de Talión la habían elevado al cubo: por cada diente, tres dientes; por cada ojo, tres ojos. Los soviéticos fueron perdiendo la paciencia —además de dientes y ojos— y se prepararon para aplastar a Israel. Ningún plan pacificador se ajustaba a la decisión rusa de ayudar a los árabes a sojuzgar a los judíos.

Entre tanto, febrilmente, los científicos judíos facturaban no una, sino media docena de bombas atómicas más poderosas que las que pulverizaron Hiroshima y Nagasaki. No hay duda que Israel sería destruida por el peso terrible de las armas soviéticas, pero tampoco la hay de que previamente desaparecerían de la faz de la tierra El Cairo, Amman,

Bagdag y acaso un par de ciudades excéntricas de la Unión Soviética. El precio de Israel, por la oportuna manipulación de la energía nuclear, se tornaba muy alto.

Los Estados Unidos dieron a la publicidad lo que sabían del asunto: Israel había entrado en el club atómico. Golda Meir, la primera abuela en el mundo en tejer un abriguito de uranio, se apresuró —obviamente— a desmentir la aseveración yanqui. Hubo serias y secretas consultas entre Washington y Moscú. Los yanquis, en privado, repitieron lo que públicamente habían proclamado y entregaron algunas pistas a los servicios de inteligencia rusos, de manera que comprobaran el aserto. A las cuarenta y ocho horas los datos habían sido cotejados: Israel contaba, listas para ser lanzadas, con seis bombas atómicas y continuaría alimentando indefinidamente su arsenal nuclear. Los dirigentes soviéticos dieron un viraje de 180 grados. Llamaron a Nasser, le leyeron la cartilla y le echaron garra al "Plan Rogers", hasta entonces "una burda maniobra imperialista". El "Plan Rogers", como toda la actuación norteamericana en este episodio del Oriente Medio, pasará a la historia como una de las páginas más brillantes de la usualmente torpe diplomacia estadounidense.

Los jerarcas rusos decidieron silenciar las razones de su cambio de actitud. A su manera, se trataba de la segunda humillación atómica en menos de una década. Si el agravio de la "crisis del 62" fue público, éste sería asordinado y antes de que levantara otra polvareda como la que causó la cesantía de Krushev. El fanfarrón campesino ukraniano da ahora sus zapatazos dentro de una oscura *dasha* en las afueras de Moscú. Breznev y Kosigyn no quieren hacerle compañía.

Todo esto pone de manifiesto lo que los más agudos analistas predijeron: la posesión de armas nucleares confiere inmunidad a los países pequeños frente a las grandes potencias. Si Cuba, en octubre del 62 llega a tener afilados sus colmillos atómicos, los Estados Unidos hubieran sido tan impotentes frente a la tiranía de Castro como hoy los rusos frente a los judíos. Pero ¿qué ocurriría si Egipto —pongamos por caso— fabricara sus bombas atómicas? ¿Frente a la posibilidad del exterminio mutuo se haría paso la razón? ¿Deben las grandes potencias excluir, por cualquier medio, la proliferación de las armas nucleares? ¿Con qué derecho? Esta es la cuestión en torno a la cual girarán los acontecimientos de los próximos años. Dos veces —Cuba y el Medio Oriente— el fantasma de Hiroshima ha dictado la pauta a la historia. Es inevitable que el fenómeno continúe ocurriendo.

10-11-73

LA CREACION DE UN ESTADO PALESTINO

No hay otra opción: en Cisjordania y en la faja de Gaza deben los palestinos montar la patria. Israel, al cabo, cederá. Quien debe temblar es el pequeño Hussein y su tropa beduina, pues a la postre la expansión palestina se hará a costa del monarca hachemita. No se trata, sencillamente, de que los palestinos "tienen derecho" a inaugurar su país, sino de que cuentan con el petróleo, el respaldo político, las armas y el dinero. "Derecho" también tienen los lituanos, los estonios, los croatas, los armenios o los navajos y no pueden armar sus tiendas por cuenta propia. Ninguna persona seria supone que el derecho tiene validez en el cotarro político, como nadie que no delire puede creer que "al final se impone la justicia". Es una cuestión de cañones. De "divisiones blindadas", como decía Stalin socarronamente.

La creación de una patria palestina debe producir ciertas consecuencias mediatas: en primer término, la desunión del mundo árabe, colosal griterío que sólo se organiza para intentar desalojar a Israel; en segundo, el enfriamiento de una zona de potencial riesgo de guerra mundial; en tercero, Israel, ya inconmoviblemente reconocido, sin peligro real de extinción como país (y hasta ahora como pueblo) deberá enfrentarse a sus contradicciones internas, a su peligrosa heterogeneidad, a los fantasmas de su mitológica identidad histórico-religiosa. Con el agua al cuello era razonable que se aplazaran estas cuestiones. La causa de la supervivencia colectiva —en un pueblo tantas veces masacrado— era un cohesivo formidable. Las fisuras comenzarán a verse cuando pase el peligro. El judío europeo, el sefardita, el ruso, el yemenita, deberán arreglar cuentas. Entonces se verá que la magia de un libro y la fuerza de las tradiciones servían para los negocios del alma, pero que muy poco pesan a la hora de constituir un país moderno, democrático y progresista. El Israel de hoy, afortunadamente, nada tiene que ver con el de los profetas, aunque les deba su existencia.

Pero, con todo, los acontecimientos pueden empeorar: ¿y si los palestinos se empeñan en desmantelar a Israel? ¿Si no se conforman con Gaza, la Cisjordania y la evidente posibilidad de todo el reino hachemita? ¿Si el temor a una guerra mundial —que los árabes apuntan a su favor— refuerza el nunca liquidado antisemitismo? No hay duda que vendrán horas amargas para Israel. Desertarán amigos y países, la ONU —que es un circo de demagogia— se prestará al rejuego. Todo esto es lamentable porque Israel, lleno de imperfecciones, es uno de los más edificantes ejemplos del planeta: sus universidades, sus museos, sus orquestas, sus librerías abarrotadas, su parlamento abierto, su inveterado civilismo en medio de fusiles y uniformes, sus sindicatos, cooperativas y comunas, su libertad. Israel es una causa noble, y lo es sin que pese sobre este juicio los horrores del antisemitismo. Sin que medie piedad hacia unas gentes invariablemente machacadas. Es una causa justa porque en medio de la guerra han sabido permanecer libres, repartir el trabajo y el pan con decencia, cuidar las cosas del espíritu. Espantaría la idea de que Suiza o Suecia —imperfectas, como todo lo que el hombre hace, pero sociedades esencialmente dignas— estuvieran en peligro de desaparecer por la violencia. No es menos Israel: un lunar respetable en un planeta mayoritariamente oprobioso. Tal vez sea el voto de Amin Dada, el estrafalario ugandés que echó a los asiáticos de su tierra, el que excluya a Israel del parlamento mundial, o el del tirano de Marruecos, o el del hijísimo de Duvalier. Repito: es cosa de cañones. Ojalá —palabra árabe a fin de cuentas— que puedan los palestinos de Arafat tener patria. La *merecen*, la *necesitan*, *deben* tenerla, *pueden* tenerla. Ojalá que no persistan en destruir a Israel. Si esta monstruosidad se lograra, la humanidad habría perdido uno de sus más esperanzadores ejemplos.

20-11-74

SE VENDE UN HATO DE JUDIOS

Los rusos han puesto a la venta unos cuantos centenares de miles de judíos. Decidieron —a lo que parece— que era más productivo venderlos que convertirlos en jabón o lámparas. Sin duda la comunidad judía ha mejorado desde los días en que Hitler se propuso exterminarla. La situación es como sigue: una parte sustancial de los seis millones de judíos rusos ha solicitado emigrar a Israel, y los jerarcas comunistas, ni cortos ni perezosos, han decidido ponerle un altísimo costo a los salvoconductos. Siguiendo los viejos esquemas del marxismo, el precio de cada judío es "a cada uno según su educación". Un médico "cuesta" unos treinta mil dólares. Los carniceros salen más baratos. Los obreros analfabetos son una ganga. Más o menos como una motocicleta de segunda mano.

El antisemitismo de los comunistas rusos se monta sobre un sofisma idéntico al de sus abuelos zaristas: "La comunidad judía es un elemento antinacional que lejos de integrarse al país, socava, con sus peculiaridades, su credo religioso y sus ritos, la unidad de la nación". Este razonamiento (sic) lo mismo sirve para liquidar a los indios en el oeste americano que para arrasar el barrio chino de Londres. En rigor ocurre exactamente lo contrario: los prejuicios y la intolerancia del pueblo ruso, alimentados oficialmente con represiones de toda índole —como en su día ocurriera en Alemania nazi— ha acabado por hacerle insoportable la vida a la mayor parte de los judíos rusos. ¿Por qué no emigran masivamente los judíos americanos? ¿O los argentinos? ¿O los franceses? Porque en esos tres países el antisemitismo ha quedado reducido a un grupo de ciudadanos estúpidos, demasiado pequeño para ser tomado en cuenta. Es cierto que el pueblo judío (como el gitano, como las comunidades cristianas enclavadas en territorios islámicos) no se esfuerza excesivamente en fundirse con la nación adoptada; pero es imposible precisar cuánto de este aislamiento se debe a la tradición religioso-cultural y cuánto es una natural medida defensiva frente a la hostilidad ambiente. Dos mil años de depredación antisemita son suficientes para explicar los temores de ese pueblo. Nótese un hecho incontrovertible: el "semitismo" de los judíos está en razón directa al "antisemitismo" del medio en que se encuentran. La comunidad menos "judaica" del mundo es la norteamericana. De eso la acusan en Israel. Y no les falta razón a los israelíes: sus correligionarios yankis han sido en gran medida "homogeneizados" en esa gigantesca trituradora de razas, credos y naciones que son los Estados Unidos.

Pero el problema a debate no es la "integración" de los judíos, sino el "derecho" que tiene una nación a pasarle la cuenta a sus ciudadanos por los estudios realizados a la hora dolorosa de la emigración. ¿Por qué entonces no cobrarles el oxígeno que respiraron, los gratos olores que percibieron, los momentos de felicidad que lograron arrancarle a la aspereza antisemita? ¿Por qué, en el caso concreto de los judíos, no rebajar del total, a manera de indemnización, las humillaciones recibidas, las prohibiciones de practicar el culto, las persecuciones a sus sacerdotes, la intolerancia con el hebreo y con las manifestaciones culturales más nobles? Podrían —me imagino que la constitución rusa admite daños y perjuicios morales— compensar los trastornos psicológicos del emigrante que en su niñez ocultaba su condición de judío. O la risotada del camarada antisemita. O el trabajo que le negaron por razones de "seguridad". Tal vez el cómputo no sería muy desfavorable para este grupo de nuevos fugitivos.

Olvidando el hecho denigratorio de que sólo son los judíos los emigrantes rusos obligados a pagar la infame gabela, queda el principio retorcido, engendro repugnante de las últimas formas de represión, de que el ciudadano contrae con el Estado determinadas obligaciones por la formación que recibe. No es entonces la cultura la prodigiosa creación humana, a que tiene derecho el hombre, por el mero hecho de serlo y por vivir en naciones civilizadas, sino el privilegio, en el mejor de los casos, de los que suscriben determinada concepción de las relaciones humanas. Afortunadamente para los judíos, la cultura y la formación universitaria no es algo que pueda arrancarse como la piel. Los bárbaros que idearon esta medida coercitiva no hubieran vacilado en fabricar lámparas de ingeniería o de filosofía.

La emigración es un derecho inalienable del hombre. Esto no es una frase de la retórica de los Derechos Humanos. ¿Qué menos puede hacer el hombre —¡el pobre hombre perseguido en tantas latitudes por la estupidez y la intolerancia!— que echar sus cuatro trastos en el morral, apretarse la familia al pecho y salir a buscar un mísero mendrugo de felicidad en cualquier tierra prometida?

11-1-72